Carl Benz

Lebensfahrt eines deutschen Erfinders

Erinnerungen eines Achtzigjährigen

Benz, Carl: Lebensfahrt eines deutschen Erfinders.
Erinnerungen eines Achtzigjährigen
Hamburg, SEVERUS Verlag 2012
Nachdruck der Originalausgabe von 1925

ISBN: 978-3-86347-336-5
Druck: SEVERUS Verlag, Hamburg, 2012

Der SEVERUS Verlag ist ein Imprint der Diplomica Verlag GmbH.

Bibliografische Information der Deutschen Nationalbibliothek:
Die Deutsche Nationalbibliothek verzeichnet diese Publikation in der Deutschen Nationalbibliografie; detaillierte bibliografische Daten sind im Internet über http://dnb.d-nb.de abrufbar.

© **SEVERUS Verlag**
http://www.severus-verlag.de, Hamburg 2012
Printed in Germany
Alle Rechte vorbehalten.
Der SEVERUS Verlag übernimmt keine juristische Verantwortung oder irgendeine Haftung für evtl. fehlerhafte Angaben und deren Folgen.

SEVERUS

Dr. C. Benz.

Carl Benz
Lebensfahrt eines deutschen Erfinders

Erinnerungen eines Achtzigjährigen

Inhaltsverzeichnis

	Seite
Vorwort	III
Verzeichnis der Abbildungen	VII
Im Feuerschein der Dorfschmiede	1
Vater und Mutter	3
Der kleine Karl	7
Ferienfreuden	8
Auf dem Gymnasium	12
„Frisch blickt auch ich als junger Bursch ins Leben, / Keck hatt' ich mir gesteckt das höchste Ziel"	18
Wanderjahre	22
Auf dem Knochenschüttler	25
Eigene Heim- und Werkstätte	28
Der schönste Silvester-Abend	30
Widerstände	32
Der neue Zweitaktmotor	35
Wie ich das Gesamtproblem des Motorwagens löste	
Vom Ersinnen zum Erschaffen	41
Das Problem des leichten, schnell laufenden Motors	44
Das Unterproblem der Zündung	47
Das Unterproblem des Vergasers	51
Das Unterproblem des Kühlers	56
Das Problem der Kraftübertragung	59
Erstes Unterproblem der Kraftübertragung: Das „Leerlaufen" des Motors	62
Zweites Unterproblem der Kraftübertragung: Das Kurvennehmen	64
Die ersten Fahrten	
Im Fabrikhofe	69
Auf der Straße	70

	Seite
Die ersten Zeitungsberichte	73
Das Ringen um des Wagens Zukunft	76
Der neue Wagen vor der Polizeischranke	81
Wir fahren in die Welt! Die erste Fernfahrt	83
Der neue Wagen holt sich auf der Münchener Ausstellung 1888 die große goldene Medaille	87
Die ersten Käufer aus Frankreich, England und Amerika stellen sich ein	89
Der Einbau der dreiteiligen Achse	94
Wie es am Anfang auf den Landstraßen spukte	99
Die ersten Käufer aus Deutschland, Ungarn und Böhmen	101
Gedenke, daß du ein Deutscher bist	105
Das Emporblühen der deutschen Kraftwagenindustrie	109
Der Kraftwagen als Kulturgut	115
Die Automobil-"Erfinder"	119
Sportsfreuden	129
Der 80. Geburtstag	132
Rückblick und Aufblick	141

Verzeichnis der Abbildungen

Seite

Titelbild: Der Verfasser an einem seiner modernen Wagen (Phot. Atlantic).

Abb. 1. Die jahrhundertalte Dorfschmiede meiner Vorfahren VIII
" 2. Klosterruine Frauenalb im badischen Schwarzwald 1
" 3. Die erste Eisenbahn in Baden. Bahnhof zu Heidelberg 1
" 4. Im Versuchsstübchen 16
" 5. Meine Werkstätte in T 6, in welcher mein erster Zweitaktmotor und der erste Motorwagen entstand 17
" 6. Der Zweitaktmotor (Längsschnitt) 37
" 7. Der Zweitaktmotor (Horizontalschnitt) 38
" 8. Die Zündvorrichtung des Zweitaktmotors 39
" 9. Schema des Viertakts 45
" 10. Schema der magnetelektrischen Kraftlinien 48
" 11. Schaltplan der alten Benzzündung 49
" 12. Vergaser 53
" 13. Vergaser mit Ventilschwimmer 53
" 14. Mein Oberflächenvergaser 54
" 15. Der Rückkühler 57
" 16. Kühlung des Arbeitszylinders 57
" 17. Meine Kühleridee, veranschaulicht durch einen einfachen Versuch . . 57
" 18. Rückkühler mit selbsttätigem Wasserumlauf 58
" 19. Fig. 1 der Patentschrift vom 29. I. 86 62
" 20. Fig. 2 der Patentschrift vom 29. I. 86 63
" 21. Kettenantrieb 64
" 22. Mein erster Wagen 64
" 23. Rückansicht des ersten Wagens 64
" 24. Am Steuer des ersten Benz-Motorboots. (Aus der Allgemeinen Automobil-Zeitung, Jahrgang 1913) 65
" 25. Vorstudien für die Wirkung des Differentials 65
" 26. Schema des Differentials 66

			Seite
Abb. 27.	Die Kraftübertragung	. . . .	68
" 28.	Das älteste Benz-Planeten-Getriebe	. . . .	79
" 29.	Wagen von 1887	. . . .	80
" 30.	Wagen von 1888	. . . .	80
" 31.	Benz-Vis-à-vis 1892	. . . .	81
" 32.	Die erste Automobilfahrerin auf Benz-Velo 1893	. . . .	81
" 33.	Der Deichselwagen	. . . .	95
" 34.	Wagen mit Achsschenkelsteuerung	. . . .	95
" 35.	Verkleinertes Schaubild aus der Patentschrift Nr. 73 515	. . . .	96
" 36.	Verkleinertes Schaubild aus der Patentschrift	. . . .	97
" 37.	Benz-Landauer	. . . .	112
" 38.	Benz-Comfortable (3 PS) mit Pneumatik	. . . .	112
" 39.	Innenansicht aus den Benzwerken: Getriebedreherei	. . . . . .	112
" 40.	Innenansicht aus den Benzwerken: Motoren-Montage	. . . .	112
" 41.	Benz-Werke Mannheim	. . . .	112
" 42.	200 PS-Weltrekordwagen	. . . .	113
" 43.	200 PS-Motor	. . . .	113
" 44.	Der Verfasser im 25. Lebensjahr. (Aus der Allgemeinen Automobil-Zeitung, Jahrgang 1913)	. . . .	128
" 45.	Der Verfasser im 80. Lebensjahr	. . . .	128
" 46.	Auf dem „Viktoria" beim historischen Korso anläßlich der Jubiläumsfeierlichkeiten des Allgemeinen Schnauferl-Clubs zu München, Juli 1925	. . . .	129

Abb. 1. Die jahrhundertalte Dorfschmiede meiner Vorfahren

Abb. 2. Klosterruine Frauenalb im badischen Schwarzwald

Abb. 3. Die erste Eisenbahn in Baden
Bahnhof zu Heidelberg

Im Feuerschein der Dorfschmiede

Wenn ich als achtzigjähriger Mann von den weißen Firnhöhen des Lebens hinunterschaue ins Land der Kindheit, dann ist es mir, als müßte ich wieder heim — ins Jugendland. Blaue Berge tauchen auf in verschwimmender Ferne, ein Tal, durch das ich in herzhafter Ferienfreude weiß Gott wie oft gewandert, wird im Vordergrund ganz deutlich sichtbar. Ein trauliches Tal, mit Wiesen im Grunde und dem schäumenden Bache.

Tannen klettern an den Hängen empor, und oben träumt zwischen Sonnenglanz und Waldesschatten ein Dörflein so einsam, wie eben nur Schwarzwalddörfer einsam träumen können.

Pfaffenrot heißt das liebe Nest. Es ist die Heimat meiner Väter. Hier oben in diesem grünen Erdenwinkel regierten meine Groß- und Urgroßväter.

Fürsten waren meine Vorfahren allerdings keine — nichts als schlichte Bauernsöhne ihrer wälderischen Heimaterde. Aber sie regierten doch — als Bürgermeister ganze Generationen hindurch.

Von meinem Großvater weiß ich zum Beispiel, daß er als Schulze des Dörfleins Schicksale 27 Jahre lang in guten und bösen Tagen in Händen hielt. Wer zu ihm amtlich mußte, der kam immer vor die rechte Schmiede. Denn er war der Mann, der das Lied der Technik vom Amboß seiner Werkstätte aus hell und laut hinausklingen ließ in die Stille des Dorffriedens. Wenn er den großen Hammer schwang, daß die Funken sprühten, dann mußte das glühende Eisen sich formen und biegen nach seinem Willen.

Heute noch steht die Dorfschmiede, in der mein Großvater[1] schon im Zeitalter Napoleons sich die Sorgen vom Herzen herunterhämmerte.

[1] Michael Benz, geb. 1778, gest. 1843.

Die Dorfschmiede! Sie bestand aber auch schon jahrhundertelang vor Napoleons Zeiten. Das läßt vom Standpunkt der Ahnenkunde interessante Schlüsse zu.

Wer einen Blick wirft auf seine Ahnenreihe, der wird in der Regel überrascht sein, wie die Vorfahren in buntem Wechsel gekommen und gegangen sind. Bauern und Handwerker, Lehrer und Kaufleute, Apotheker und Doktoren lösen im Laufe vieler Generationen einander ab. Das ist bei mir ganz anders.

Mein Stammbaum hat seinen Wurzelboden in der jahrhundertealten Dorfschmiede. Ich sehe meine Vorfahren in einer langen Linie hintereinander gereiht; alle haben das Schurzfell vorgebunden und den Hammer in der Hand — alle sind Schmiede bis herab zum Großvater und Vater. Wenn ich mir das heute alles überlege, dann wird es mir klar, warum ich vor Freude in meinem Leben immer in die Hände klatschen mußte beim Singen des Liedes: „Wenn ich an meinem Amboß stehe." Meine Vorfahren, die nach den Vererbungsgesetzen in irgendeiner Gehirnzelle, in irgendeinem Blutstropfen oder in irgendeiner Herzfaser in mir weiterleben, wollten eben offenbar bei dem Liede alle mitsingen und aus mir herausjauchzen. Und daher mußten die freudeklatschenden Hände noch die Rolle von schwingenden Stimmbändern übernehmen. —

Mein Großvater hatte zwei Söhne und eine Tochter. Der ältere Sohn hieß Hans Georg[1], der jüngere Anton[2]. Beide sind des Hauses Tradition treu geblieben und wurden Schmiede. Während aber der „Schulze-Toni" im Ort blieb und auf dem Amboß der Urahnen seines Glückes Schmied zu werden versuchte, nahm Hansjörg das Felleisen und zog in die Welt. —

---

[1] geb. 8. Jan. 1809.
[2] geb. 14. Sept. 1812.

Vater und Mutter

Im April 1843 wurde die Eisenbahnstrecke Karlsruhe-Heidelberg eröffnet. In eine neue Welt der Wunder führte die eiserne Schienenspur. Die von allen Seiten herbeigeströmten Neugierigen wunderten sich über die unerhörte Geschwindigkeit, mit der die Dampfmaschine samt den angekuppelten Wagen über die Schienen rollte.

Auf der Maschine aber steht einer, den die treibend süße Wandersehnsucht im Herzen einst von den Tannenhängen seines stillen Waldtales hinausgeführt hatte in das laute Wirtschafts- und Verkehrsleben der Stadt. Es ist unser Hansjörg. Glückstrahlend steht er da oben. Seine Jugendträume sind erfüllt. Stolz ist er darauf, daß man die Führung des neuen, eisernen Verkehrstitanen seinen Händen anvertraut hat. Aber auch ich bin stolz auf diesen Mann, der auf einer der ersten Lokomotiven Badens einer neuen Zeit entgegenfuhr, jener Zeit, die ein eisernes Schienennetz um den Erdball spannte.

Ich bin stolz auf ihn, wenn ich ihn auch nie gekannt habe; denn er ist mein Vater.

Nie gekannt? Leider ist das so. Ich bin am 26. November 1844 in Karlsruhe zur Welt gekommen. Und schon 1846 kamen eines Tages schwarze Männer und trugen meinen Vater fort, dorthin, woher keiner mehr zurückkehrt, auf den Friedhof. Sie trugen ihn fort und mit ihm unser Glück. Den glückstrahlenden Führer hatte der Tod auf der Maschine an die Hand genommen und ließ ihn nicht mehr los. Als Opfer seines Berufes ist er gleichsam in den Sielen gestorben.

Wer von Karlsruhe nach Heidelberg fährt, der kommt vorbei an der Station St. Ilgen. Hier war es, wo ein Weichenwärter zu meines Vaters Zeiten eine Weiche falsch gestellt hatte. Infolgedessen entgleiste eine Maschine, nicht die des Vaters, sondern die eines Kollegen. Aber der Vater wurde von dem Führer der entgleisten Lokomotive und dem Weichenwärter zu Hilfe gerufen. Diese fürchteten nämlich eine empfindliche dienstliche Strafe zu bekommen. Mein Vater konnte ihnen die Bitte nicht abschlagen, obwohl bei den wenigen ins Vertrauen gezogenen Männern die Hebearbeiten sich recht anstrengend und schwierig gestalten mußten. Unter Aufbietung aller Kräfte half der Vater die Lokomotive wieder auf die Schienen stellen. Schweißtropfen rinnen dem hilfsbereiten Mann über die Stirne. Man sieht ihm an, daß er das Letzte hergegeben hat. Aber er darf nicht säumen. Seine Aufenthaltszeit ist abgelaufen. Stark erhitzt stellt er sich auf seine eigene Maschine. Der verantwortungsbewußte Führer kennt keine Rücksicht auf sich und seinen erhitzten Zustand. Er kennt auf der eisernen Schiene nur die eiserne Pflicht. Das aber wird ihm zum Verhängnis. Denn sein Führerstand ist noch — zum Unterschied von heute — ungeschützt.

Einige Tage später. Mein Vater hat den Führerstand vertauscht mit dem Krankenbette. Eine heftige Lungenentzündung warf ihn infolge der zugezogenen Erkältung nieder. Aber seiner Lokomotive ist er treu geblieben. Sie steht neben ihm am Krankenlager. Sie schwebt ihm vor in Schmerzensträumen. Und in den höchsten Fiebern spricht er immer wieder von seiner Lokomotive.

Auf einmal wird es still in ihm, ganz still. Die Lokomotive ist verschwunden und mit ihr alles Fiebern und Denken und Träumen. Die schlimme Krankheit hat den willensstarken Sechsunddreißigjährigen rasch hinweggerafft.

Was mir der tote Vater als Erbe zurückließ, war fast nichts als das leuchtende Beispiel der ethischen Forderung: „Edel sei der Mensch, hilfreich und gut."

So war ich denn mit zwei Jahren vaterlos geworden. Zum ersten Male in meinem Leben war mir die rauhe Wirklichkeit begegnet mit schwerem harten Schritt.

Aber ich hatte ja noch eine Mutter. Sie war die beste Mutter von der Welt.

Ich schließe die rechte Schublade meines Schreibtisches auf. Drin liegt etwas. Das habe ich gehütet wie ein Kleinod mein Leben lang. Eine Linse — einst geschenkt von meiner armen Mutter. Wenn ich durch diese Linse schaue — und ich habe es in den 80 Jahren meines Lebens mehr als 1000mal getan —, da sehe ich sie wieder vor mir, ganz wie sie war, groß wie ein Held. Nur ein Held konnte das traurige Schicksal, in das wir nach des Vaters frühem Tode geraten waren, so meistern, wie diese tapfere Frau es meisterte. Nichts ist im Kampfe gegen die Not so stark wie Mutterliebe. Wie eine Mutter schon bei der Geburt ihr Leben einsetzt für das Kind, so kann sie hungern und frieren, kann leiden, entbehren, sorgen, sparen und lachen unter Tränen, wenn nur das Kind lacht und fröhlich ist.

Als der Vater die Augen geschlossen hatte, da wollte mir meine treffliche Mutter beides zugleich sein: Vater und Mutter.

„Kommt, laßt uns unseren Kindern leben", dies schöne Wort beseelte sie nun ganz und gar. Sie war groß, schlank, schlicht. Aus ihren Augen leuchtete die Herzensgüte. Aber auf ihrer Stirn lag ein Ausdruck von Kraft, von Willenskraft und Tatkraft.

Sie hatte selbst eine harte Jugend hinter sich. Ihr Vater war der Eroberungssucht jenes Mannes zum Opfer gefallen, unter dessen klirrendem Schritt die halbe Welt erdröhnte. Bekanntlich lastete das korsische Joch der Fremdherrschaft so schwer auf uns, daß unsere Großväter gezwungen werden konnten, mit Napoleons „Großer Armee" nach Rußland zu ziehen.

Dort, wo unter dem Eishauche des Todes die Leichen der Erschlagenen, Erfrorenen und Verhungerten den Weg säumten, blieb auch der badische „Feldgendarm", der Vater meiner Mutter. Nur einmal hat man noch über sein Schicksal von einem anderen Kriegsteilnehmer etwas gehört. Demnach soll mein Großvater mütterlicherseits mit anderen Reitern in einem Schuppen über Nacht geblieben sein. Die Pferde standen unten, und darüber auf einem Heuboden schliefen die Reiter. In der Nacht zeigten sich die Pferde unruhig. Der Großvater ging hinunter, um nach der Ursache zu sehen und war von da ab — seine Kameraden kümmerten sich nicht weiter um sein Schicksal — verschwunden. Es ist anzunehmen, daß er bei einem feindlichen Überfall niedergemacht wurde.

Das war die korsische Faust; sie preßte Blut aus und Tränen. Und von diesen Tränen der Sorge und der Not wußte meine Mutter aus ihren Kindheitstagen gar viel zu erzählen.

Jetzt wollte sich die leidgebeugte, aber von ihrer Jugend her auch leidgestählte Frau auf meinem Lebenswege neben mich stellen, zunächst als Vorkämpferin, später als Mitkämpferin. Denn bei der kleinen Pension, die sie vom Staate bekam, hatte das Wort vom „Kampf ums Dasein" einen sorgenvollen Klang. Alles opferte sie, selbst ihr bescheidenes Vermögen, um ihrem Sohne eine gute Erziehung und Bildung zu geben. Mit weichen Händen — Mutterhände sind immer weich — hob sie das kleine Stück Leben hinauf ins Licht, damit es wachse und gedeihe. Nicht wild sollte es der Sonne entgegenwachsen. Frühzeitig gab sie ihm eine feste Stütze zum Empor- und Weiterranken. Und diese wegweisende Stütze hieß: Gymnasium. Doch ich eile voraus. Verweilen wir zunächst noch ein bißchen beim kleinen Karl.

Der kleine Karl

Schon als kleiner Kerl, lange bevor ich in die Volksschule mußte, zeigte ich nach Aussage meiner Mutter im Spiel ausgesprochene Eigenarten und Sonderheiten. Was ich auch zeichnete und malte — zuletzt gab's immer eine Lokomotive, wo der Rauch herauskam. Stühle wurden hintereinander gestellt. Das waren Eisenbahnwagen. Und irgendein Spazierstock mußte die Rolle der Pleuelstange übernehmen. Fauchend wie eine Maschine sprang ich des Abends zu meinem Bettchen. Fauchend erhob ich mich des Morgens wieder. Die Lokomotive, ein Wagen ohne Pferde! Sie machte mich in meinen Bubenjahren namenlos glücklich — so wie sie meine Mutter namenlos unglücklich gemacht hatte. Sie war mein Höchstes und Größtes, mein Alles!

Freilich sah die lebensernste Mutter diesen unternehmungsfrohen Spielereien und Träumereien nur mit gemischten Gefühlen zu. Sie achtete die Tradition, die möglicherweise im Blute steckte. Aber sie wollte nach der technischen Seite hin in ihrem Leben keine trüben Erfahrungen mehr machen. Sie ahnte nicht, daß aus diesem jungen Lokomotivenschwärmer die Freude des Erfinders herausjauchzte. Ein Beamter sollte aus ihrem Buben werden. Drum kam er mit neun Jahren aufs Gymnasium.

Ferienfreuden

Als Volksschüler wie als Lyzeist betrachtete ich es immer als ein besonderes Glück, daß ich die Ferien droben im Albtal, in der Heimat meiner Väter, verleben durfte.

Weltabgeschieden war von jeher dieser waldumrahmte Wiesengrund. Bis zum Jahre 1790 gab es hier keine Waldwege, nur Schleifen. Noch am Anfang des 18. Jahrhunderts hausten Wölfe in den Tannenhängen. So nah der öffentlichen großen Verkehrsstraße und doch so weltverloren und weltentrückt lag zum Beispiel das Frauenkloster an der Alb („Frowenalb"), daß zur Zeit des Dreißigjährigen Krieges (1622) die Kroaten auf ihren Raub- und Plünderungszügen dasselbe nicht aufzuspüren vermochten. „Ligt in einem Thal, da man nichts als den Himmel und Gewäldt sehen mag, welches auch die Kroaten nit fundten, aber in der Nähent allenthalben gewesen, hat etlich Gärten vnd Wißwachs, auch ein Fischwässerlein dabey" ...

Dort in den lichtgrünen Wiesen an der schäumenden Alb gab es in meiner Kindheit die schönsten Dotter- und Schlüsselblumen. Dort an den Hängen des stillen Waldtales pflückte ich die besten Heidelbeeren und Himbeeren. Alles was es dort gab, war am schönsten und besten; denn es blühte und reifte unter dem Sonnenkuß meines Kinderhimmels. Mag sein, daß heute die Heidelbeeren dort nicht mehr die besten sind. In meinen Bubenjahren waren sie es aber bestimmt; denn sie wuchsen in einer vom Schimmer der Kindheit übergoldeten Welt.

Was war das für eine liebe kleine Welt da oben in dem einsamen, abgelegenen Pfaffenrot! Wie gerne schaute ich dem Dorfschmied zu, wenn er an der Zange das Eisen ins Kohlenfeuer steckte und dabei den Blasebalg trat. Und wenn dann der Onkel mit dem umgehängten Schurzfell und mit den zurückgestülpten Hemdärmeln den Hammer niedersausen ließ auf Hufeisen und Amboß, dann kam er mir vor wie ein vom Funkenregen umsprühter Siegfried. Ganz heiß regte sich in mir das Blut meiner Vorfahren, und ich dachte: „Das ist doch das schönste, wuchtigste und deutscheste Handwerk." Am liebsten war es mir aber, wenn ich selber — mit dem Meister zusammen — hämmern durfte, daß der Amboß dröhnte und die Erde zitterte. Das war Musik, die damals auf mich einen mächtigeren Eindruck machte als später das stärkste Theaterorchester der Welt.

Wie fein geisterte es in diesem jahrhundertalten Klosterdorf! Richtiggehende Geister und Gespenster mit feurigen Augen erschienen im Dunkel der Nacht vor den Fenstern und erinnerten an jene abergläubischen Zeiten, wo jeder ausgehöhlte Kürbiskopf mit hineingestelltem Lichtlein schreckenerregend wirkte. Sobald es dämmerte und dunkelte, dann erwachten die tollsten Spuk- und Gespenstergeschichten, und wie Nachtschmetterlinge um die Ampel, so umschwärmten sie kreisend etwas, das gar nicht mehr da war — die untergegangene Lebenssonne der Jahrhunderte, das Kloster!

Zu lange hat das Benediktinernonnenkloster Frauenalb seinen zirka zehn Untertanendörfern den Stempel aufgedrückt, als daß es — obwohl nach dem Reichsdeputationshauptschluß 1803 aufgehoben — heute in der Tradition des Volkes nicht noch fortleben würde. Das gilt insbesondere auch von meinem Feriendorf „Pfaffinrode" (von „Ausroden", nämlich den Wald). Da die Äbtissin allein „Eisenschmitten" errichten und Schultheißen einsetzen durfte, mußten meine Urgroßväter ihr mit „3 ufgehebten Fingern Gelübdung" leisten. Überhaupt übte in dieser weiblichen Adelsrepublik, wo nach der Klosterordnung (von 1396) der oberste Grundsatz hieß: „Aller Dinge Grund ist Gehorsam" die Äbtissin „alle Zwang und Bänn,

Gebott und Verbott, Buße auf Frevel", ja der Dorfschultheiß mußte auf ihr Geheiß einsperren, ins „Bloch" (Fußblock) schließen oder ins „Halseisen" stellen.

Da die Untertanen bedbar (bodenzinspflichtig), steuerbar (Abgaben in vielerlei Naturalien und Geld) und dienstbar (Frondienst) waren, mag die Vogts- oder Schultheißenwürde nicht ohne Bürde gewesen sein.

Schwere Schicksale sind im Laufe der Jahrhunderte hingerauscht über das weltabgeschiedene Kloster drunten im Waldgrund. Gebaut um die Mitte des 12. Jahrhunderts im romanischen Stil, wurde es 1403 in der Fehde des badischen Markgrafen Bernhard mit König Ruprecht „von der Pfalz" „ohnschuldigen verbrannt, und waren viel wunderlicher Läufe und Vheyndschaften in diesen Landen um und um, davon unser Herr Gott zuvorderist und auch Clowster und geistliche Lüthe geohnehret und fürsichtiglichen beschädigt worden". In gotischem Stil wieder aufgebaut, ist im Jahre 1508 „verbrunnen: die abtey, schlaffsaal, speissaal, alles miteinander bis uff die kirch und siechhus aus unvorsicht einer Laien schwester".

So wie das Kloster heute vor uns liegt, ist es das Werk zweier hervorragender Meister der Vorarlberger Barockschule: Der eine war Franz Beer, der 1697 das abgebrannte Zisterzienserkloster Salem erbaute, der andere war sein Schwiegersohn Peter Thumb, der die lichtdurchflutete Wallfahrtskirche zu Birnau am Bodensee schuf. Beer vollendete 1704 das zweiflügelige Konventgebäude des Frauenalber Klosters, Thumb 1733 die Kirche und den dritten Konventflügel.

1803 wurde das Klostergebiet säkularisiert. Seither sind die Barockschöpfungen den Mächten der Verwitterung und des Zerfalls preisgegeben.

Fort sind die Glocken, die einst den Morgen- und Abendsegen hinausläuteten in die stille Waldeinsamkeit, fort ist die Helmzier der Türme, fort das Dach mit allem, was geschützt darunter lag.

Da, wo einst adelige Stiftsfrauen im schwarzen Benediktinergewand auf und nieder gingen und in feierlicher Andacht die Hora und Vesper sangen, ragen Ruinenmauern ohne Dach ins Himmelblau. Das Dichterwort: „Und neues Leben blüht aus den Ruinen" hat hier nur insofern Gültigkeit, als dichter Efeu um Ruinengemäuer rankt — und Busch- und Strauchwerk in den früher gottgeweihten Hallen blüht. Selbst droben auf den Türmen stehen einzelne Tannen und Birken — als letzte Hüter einer hinabgesunkenen Herrlichkeit.

Wie oft bin ich als Bube um diesen ehemaligen Machtmittelpunkt einer geistlichen Miniaturrepublik herumgestreift und habe trauliche Zwiesprache gehalten mit den roten Sandsteinen der zerstörten Klostermauern. Diese Klosterruinen müssen einen starken Eindruck auf mein Bubengemüt gemacht haben. Sonst hätte ich mich später nicht eine Zeitlang mit dem Gedanken getragen, mir das Lusthaus der Äbtissin zum Sommeraufenthalt zu kaufen. Als aber bei der Besichtigung der Hauch der Geschichte gar zu moderig mir entgegenschlug, habe ich den Versuch aufgegeben, auf den Spuren von Äbtissinnen zu wandeln. —

Auf dem Gymnasium

Richtiger müßte es heißen: „Auf dem Lyzeum". Denn das Gymnasium hieß damals noch Lyzeum. Es war in Karlsruhe hüben und drüben angebaut an die evangelische Stadtkirche. Wer kennt nicht Johann Peter Hebel? Er war nicht nur der große alemannische Mundartdichter, sondern — am Anfang des 19. Jahrhunderts — auch der Direktor des Karlsruher Lyzeums. In denselben Räumen, in denen seine Gedanken vor einem halben Jahrhundert flogen wie die Sturmvögel im Winde, sangen wir in allen Tonarten und Tonstärken: amo, amas, amat! Mit Freuden denke ich an meine Schulzeit zurück. Ich war kein schlechter Schüler. Nie ging ich der ernsten Arbeit aus dem Weg. Ich kannte mein ganzes Leben lang nur einen Kompaß, den der Pflicht. Das „Certieren" machte mir besonderen Spaß. Das war Barzahlung und gab bei 80 Schülern Leben in die Bude. Denn in jeder Stunde waren die Schüler bei diesem „Streiten" um die Plätze auf der Wanderschaft. Und die Wanderkommandos und ihre Ausführungen nahmen oft mehr Zeit in Anspruch als die eigentliche ernste Arbeit.

Unseren Primus Lacher von seinem Hochsitz zu verdrängen war eine Kunst, die auf die Dauer keinem glückte. Ein einziges Mal blühte mir diese kurzfristige Freude. Und das ging so zu: Eines Tages gab uns der Mathematiker ein mathematisches Problem im Kopf zu lösen auf. Da die Spitzenkandidaten die Lösung nicht so rasch parat hatten wie ich, kam ich richtig auf das Primusthrönchen. Wenn alle Stunden Mathematikstunden gewesen wären, so hätte ich vielleicht daran denken können, mich da oben als Großwürdenträger der Klasse häuslich einzurichten und niederzulassen. Aber nach der Mathematikstunde kam die Lateinstunde. Kaum war der antike Professor vor die Klasse getreten, so beehrte er mich mit folgender Ansprache: „Ei, Benz, der Erste geworden?" „Ja, ja, in der Mathematik", rufen sie alle durcheinander. „Du bist also so ein guter Mathematiker? So sage mir doch einmal, wie heißt lateinisch: der 600 000ste?" Das war nun rascher gefragt als beantwortet. Aber Glück muß der Mensch haben. Und das Glück saß in Form eines Repetenten direkt hinter mir. Der übernahm die Rolle des Heiligen Geistes und telephonierte mir drahtlos seinen alten lateinischen Ladenhüter vor. Damit war die Primusehre noch einmal für einen Tag gerettet. —

Meine Lieblingsfächer waren Physik und Chemie. Das muß wohl auch der Grund gewesen sein, daß unser Physiklehrer mir eines schönen Tages den Ritterschlag zum „Assistenten" gab. Freudig und gern opferte ich jeden Mittwoch den freien Nachmittag, um in der „Giftbude" die Apparaturen und Experimente für die Physikstunde am Samstag von 11—12 Uhr vorzubereiten.

So machte ich von Klasse zu Klasse erfreuliche Fortschritte und sah immer tiefer und reifer hinein in die Schöpfungen einer antiken Welt. Wer aber Gelegenheit hatte, den Lyzeisten in seinen stillen Mußestunden zu beobachten, der merkte, daß der Lehrplan nicht allen Kräften gerecht wurde, die in ihm schlummerten. Er liebte die Sonne Homers. Aber er liebte heißer als er es wußte auch die Sonne der Gegenwart, unter der die Naturwissenschaften und die Technik so mächtig emporblühten.

Wieder nehme ich die alte Zauberlinse zur Hand und suche nach Erinnerungsbildern. Diesmal sehe ich nicht nur die Heldengestalt einer ringenden Mutter. Diesmal tritt noch einer in den Brennpunkt der Erinnerung, ein Junge mit großen fragenden Augen. Einen Bündel Bücher trägt er unter dem Arm. Soeben ist er „aus der Schule" gekommen. Eilig hat er's, arg eilig. Nicht einmal Zeit zum Mittagessen nimmt er sich. Schon ist er seiner Mutter durchgebrannt. Er fliegt die Treppe hinauf so schnell, wie andere Menschenkinder sonst nur hinunterfliegen. Welcher verrückten Idee jagt er denn schon wieder nach?

Hier die Erklärung.

Was heute als Arbeitsschule, Werkunterricht, Schülerübungen, Laboratoriumsunterricht, als die neueste Errungenschaft unserer Pädagogik laut gepriesen wird, hat der junge Lyzeist damals schon praktisch durchgeführt, unabhängig von der Schule, einzig und allein aus dem instinktiv richtigen Gefühl des Forschens und Erfindens heraus.

Er hatte ein Versuchsstübchen. Wenn er in dasselbe eintrat und die Türe hinter sich zumachte, dann dünkte er sich auf einmal ein Großer, ein ganz Großer. Nur auf sich gestellt zu forschen und zu denken, zu beobachten und zu suchen, mit eigenen Augen schauen und mit eigenen Händen schaffen lernen, hei, war das fein! Wie machte ihn das glücklich und stolz zugleich! Der ganze Zauber des Forscherglücks umfing ihn und hielt ihn mit warmen Händen fest. Sieh! Da sind noch alle die Glas- und Probierröhren, die Kochkolben und Drahtnetze, die Spirituslampe und die Chemikalien, mit denen der junge Chemiker arbeitete. Sieh, da hängt noch seine farbige Mütze an der Wand, mit eigenartigen Flecken geziert. Diese chemischen Kainszeichen erhielt die Mütze anläßlich der Darstellung von Wasserstoff. Zu früh angezündet, explodierte der Wasserstoff bzw. das Knallgas mit großer Heftigkeit, so daß die Salzsäure hinaufgespritzt wurde bis zur Mütze an der Wand. Diese braunen Säureflecke trugen dem „Alchimisten" anderen Tages bei den Schulkameraden wenig Ehre ein. „Ho, der Benz, der Benz", hohnlachten sie, „hat's Pulver zum zweitenmal erfinden wollen." —

Alle die Laboratoriumsdinge, vom Reagenzgläschen angefangen bis zu den guten teuren Linsen, mit denen ich allerlei optische Instrumente und Apparate herstellen konnte, kosteten natürlich Geld, für unsere damaligen Verhältnisse sehr viel Geld. Es gibt wohl wenig Mütter, die unter gleichen Voraussetzungen ein gleiches Entgegenkommen gezeigt hätten. Daher wird der Leser verstehen, warum ich meine Linsen noch als alter Mann dankbar hüte wie einen Nibelungenhort. Sie sind eben nicht nur die ältesten Zeugen meines ersten, selbständigen, produktiven Schaffens; sie sind mehr noch: Liebe Andenken an eine brave Mutter, die mit freundlichem Verstehen und hochherziger Opferwilligkeit auf die Budgetwünsche ihres vorwärtsdrängenden Naturforschers einging.

Alle die physikalisch-chemischen Versuche, die ich machte, zu beschreiben, würde viel zu weit führen. Nicht das angelernte Buchwissen war für mich das höchste Ziel, sondern das selbsterarbeitete Erfahrungswissen. Im praktischen Ringen mit Problemen erblicke ich heute noch den größten Erziehungswert der Naturwissenschaften. Wie sehr nämlich das produktive Schaffen eine Quelle der persönlichen Initiative und der Unternehmungslust werden kann, dafür nur zwei Beispiele.

Ich hatte eine Camera obscura. Mit der rückte ich zunächst den Naturobjekten und Naturvorgängen photographierend auf den Leib. Oft zog ich in den Ferien mit meiner Kamera hinaus und hinauf in die Heimat meiner Väter, wo die hohen Schwarzwaldtannen rauschen und machte Aufnahmen mit dem Eifer des Berufsphotographen. Wald und Fels, Baum und Busch, Haus und Hof brachte der Karlsruher Kamerajäger zur Strecke.

Bald aber ging ich auch auf Menschen los. Es machte mir das allergrößte Vergnügen, wenn sich die Schwarzwaldbauern von mir photographieren ließen — gegen Bezahlung. Viele meiner „Studienköpfe" kann ich heute noch vorzeigen; sie sind bei dem damaligen umständlichen Herstellungsverfahren gar keine so üblen Proben meiner jungen Kunst. Will man einen gerechten Maßstab an diese Kunst legen, so muß man sich daran erinnern, daß damals die Photographie noch in den Windeln lag und man die nötigen Hilfsmittel nicht fix und fertig kaufen konnte, sondern sie selbst herstellen mußte. Amateurphotographen hat die Welt infolgedessen noch keine gekannt.

Leider habe ich die Leute gelegentlich auch von der unvorteilhaften Seite aufgenommen. Hatte beispielsweise einer einen Kropf, so wette ich 1000 gegen 1: Der Kropf kam auf die Platte. Die Photographierten haben meines Wissens nie Anstand genommen an ihren naturgetreuen Bildern. Kritiker aber, denen ich viele Jahrzehnte später meine Bildermappe zeigte, erblickten in dem kleinen Photographen einen großen Schalk. Daß ich jedoch absichtlich aus nichtsnutziger Schelmerei schlechte Witze auf der Platte fixieren wollte, daran konnte und kann ich mich beim besten Willen nicht erinnern.

Als Photograph also verdiente ich in meinem Leben die ersten Groschen. Als Photograph und als — Uhrmacher. Was für eine Uhr auch immer müde war und krank — ich half ihr sicher wieder auf die Beine.

Woher die Liebe zu den Uhren kam, kann ich nicht sagen. Sie muß im Blute stecken. Da ich die Schwarzwalduhren mit den gemalten Zifferblättern am meisten liebe, ist die Möglichkeit nicht ausgeschlossen, daß eine meiner Urgroßmütter von einem Schwarzwälder Uhrenmacher abstammte. Auch in den Adern meines Vaters kreiste schon 1 Schuß Uhrenmachers-Blut von den Ahnen her. Sonst hätte er mir nicht bei seinem Tode fünf Taschenuhren hinterlassen. Fünf Taschenuhren! Das ist ein Erb-

Abb. 4. Im Versuchsstübchen

Abb. 5. Meine Werkstätte in T 6, in welcher mein erster Zweitaktmotor und der erste Motorwagen entstand

gut, welches für einen wißbegierigen jungen Bastler mehr Verlockendes hat als ein ganzes Rittergut. An diesen Taschenuhren lernte ich die wundervolle Sprache, die ineinandergreifende Zahnräder miteinander reden. Nur schade, daß über meinen Sprachstudien die eine oder andere Taschenuhr die Sprache ganz verlor und ihr Ticken verstummte. Für meine Uhrenliebe gilt das Wort: „Alte Liebe rostet nicht." Denn auch in meinem späteren Leben verehrte ich die Zeitenkünder so sehr, daß in jedem Zimmer meines Hauses mindestens eine Uhr ticken mußte. Damit sie alle peinlich genau ihres Amtes walten konnten, ging ich jahrelang — wie von einer magnetischen Kraft getrieben — alle paar Wochen zum Hauptbahnhof, um „die Normalzeit zu holen". Selbst das unzweideutige Lächeln meiner Frau über das „ewige Zeitholen" war gegenüber meiner einseitigen Liebhaberei ohnmächtig.

Doch halt! Ich eile meiner Zeit voraus. Vorerst sind wir ja noch bei dem Lyzeisten, der als Uhrmacher durch den Schwarzwald zog und mit seiner Kunst manchem Bekannten eine Gefälligkeit erweisen konnte.

Die Bauern wunderten sich über den „gschickten Gschtubierten" aus der Residenz. Aber niemand — weder die Fachlehrer des Lyzeums noch die treuen Kunden droben im Schwarzwald — ahnten, was aus diesem experimentierenden, photographierenden und uhrenmachenden Scholaren noch werden sollte.

„Frisch blickt auch ich als junger Bursch ins Leben,
Keck hatt' ich mir gesteckt das höchste Ziel."

Endlich gab die Mutter meinem stürmischen Drängen nach. Ich durfte im 17. Lebensjahre das Gymnasium vertauschen mit der Technischen Hochschule. Die hieß damals noch Polytechnikum.

Und nun tat sich hell und licht eine neue Welt vor mir auf, die Welt meiner stillen Jugendhoffnungen und Jugendträume. Es war eine Welt des Frühlings! Herrgott! War das ein Treiben und Sprossen, ein Drängen und Wachsen, ein Blühen und Reifen! Über allem aber stand brennend die Sonne des Interesses. Da wurde entworfen, konstruiert, differentiiert und integriert, daß es eine Freude war.

Am 16. April 1863 starb Professor Ferdinand Redtenbacher, der Begründer des theoretischen Maschinenbaus. Studenten begleiteten ihn hinaus zur letzten Ruhestätte. Ich erinnere mich daran noch genau. Denn zu den Studenten, die den Sarg des verehrten Lehrers trugen, gehörte auch ich.

Redtenbacher war nicht nur ein ausgezeichneter Gelehrter und ein berühmter Schriftsteller[1]), er war vor allen Dingen auch ein gottbegnadeter Lehrer. In seinen Vorlesungen hörte man gleichsam die Maschinen laufen. Als besäße er die Kunst, seiner Mechanik dramatisches Leben einzuhauchen, so begeistert und begeisternd unterrichtete er. Kein Wunder, daß er anzog wie ein Magnetpol. Unter seinen Zuhörern saßen nicht nur junge Leute aus allen Teilen Deutschlands. Auch aus Schweden, Österreich, England und Amerika waren sie gekommen, um den

---

[1]) 1844 Theorie und Bau der Turbinen und Ventilatoren; 1848 Resultate für den Maschinenbau; 1852 Die Prinzipien der Mechanik; 1855 Die Gesetze des Lokomotivbaus; 1857 Die Bewegungsmechanismen und im gleichen Jahr das „Dynamidensystem". 1862 Der Maschinenbau u. a.

großen Meister zu hören. Heute, wo neben die Kulturmacht der Dampfmaschine die Kulturmacht des Motors getreten ist, ist es besonders reizvoll zu sehen, wie Redtenbacher, überzeugt von der Notwendigkeit eines Ersatzes unserer Dampfmaschine, tastend hinausgreift in die Zukunft. Noch schwebt ihm allerdings nichts Konkretes vor, die „Kapitalerfindung" muß erst kommen. Er schreibt (25. Dezember 1856): „Übrigens muß ich Ihnen gestehen, daß mich diese Steuerungsgeschichten der Dampfmaschinen und die ganze Maschine selbst schon seit langer Zeit nicht mehr interessiert. Auf ein paar Prozent Brennstoff mehr oder weniger kommt es nicht an, und mehr kann man durch derlei Tüfteleien nicht mehr gewinnen. Ich halte es von nun an für lohnender, sich über die Wärme den Kopf zu zerbrechen und unseren jetzigen Dampfmaschinen den Garaus zu machen, und das wird hoffentlich in nicht gar zu ferner Zeit geschehen, indem das Wesen und die Wirkungen der Wärme allmählich zur Klarheit kommen. Die Kapitalerfindung muß freilich erst noch gemacht werden, damit diese kalorischen Maschinen mit Luft oder mit überhitztem Dampf, mit oder ohne Regenerator das zu leisten vermögen, was man sich versprechen darf, und damit namentlich diese Maschinen ein mäßiges Volumen erhalten; aber das alles wird sich wohl finden, wenn man einmal über das innere Wesen der Sache ganz ins reine gekommen ist."

So sehr ich Redtenbachers Verlust beklagte, in Franz Grashof bekam Redtenbacher einen Nachfolger, der die praktischen Aufgaben der Technik mit der Überlegenheit des mathematischen, strengwissenschaftlichen Meisters zu lösen verstand. Und doch konnte Grashof Redtenbacher nicht in allen Stücken ersetzen. Redtenbachers Stärke lag auf der konstruktiv praktischen Seite des Maschinenbaus. Grashof dagegen war ganz

Theoretiker. Seine Lehrweise war klar und exakt, so wohl überlegt jeder Satz und jedes Wort, daß — was er sagte — ohne weitere Überarbeitung „druckfertig" gewesen wäre. Aber da er fast keine Zeichnungen zu Hilfe nahm und zur Veranschaulichung höchstens einmal ein paar Striche machte, war der Unterricht für die Durchschnittsbegabung seiner Zuhörer zu abstrakt. Nur die Begabteren, die zugleich die nötige grundlegende Bildung hatten, konnten Grashof auf die Höhen seines strengwissenschaftlichen Entwicklungsganges folgen und hatten reichen Gewinn. Welch hohe fachwissenschaftlichen Anforderungen er an den Techniker stellte, der den Aufgaben der Gegenwart und zugleich jenen der Zukunft gewachsen sein soll, geht aus seinen eigenen Worten am besten hervor:

„Die Schule darf nicht im Schlepptau des praktischen Bedürfnisses, sondern soll diesem möglichst voraus sein. Die von der Schule gewährte wissenschaftliche Ausbildung soll nicht nur den Anforderungen der Technik in ihrer augenblicklichen Entwicklungsphase, sondern möglichst bis zu dem Zeitpunkt genügen, in welchem der von ihr gebildete Techniker nach einem Menschenalter von der Bühne seiner Tätigkeit abtreten wird."

Mir hat sie genügt. — Mit Dankbarkeit und Verehrung schaue ich daher immer noch zurück auf die zwei ausgezeichneten Lehrer, die dem jungen Studenten einst den wissenschaftlichen Bergstock in die Hand drückten.

Was ich im Gymnasialbetrieb als Mangel empfand und aus eigener Initiative und aus eigenen Mitteln ergänzend hinzufügte, hier, am Polytechnikum war es: das Laboratorium, die Werkstätte.

Ein Werkmeister von altem Schrot und Korn stand der Werkstätte vor. Die Bekanntschaft mit Homer und Cicero hinderte den stud. ing. Benz nicht, an dem einfachen Manne der Handarbeit und Handfertigkeit mit Verehrung emporzuschauen. „Mehr Achtung vor der Hände Werk, vor dem Handwerk" ist immer meine Devise gewesen. Und so waren denn die beiden, der Meister und sein Jünger, gar bald die besten Freunde. Von Didaktik und Heuristik verstand der neue Lehrmeister nichts. Aber das lohende Feuer der Berufsfreudigkeit verstand er in seinem Schüler so aufzuschüren, daß die Flammen der Begeisterung zu allen Fenstern seiner Seele herausschlugen. Daher finden wir diesen auch außerhalb der vorgeschriebenen Unterrichtszeit in der Werkstätte, viele Stunden lang bastelnd und schaffend. Und der wackere Meister konnte nicht müde werden, immer und immer wieder Anregungen und Impulse zu geben zu neuem Gestalten und Schaffen.

So ist dieser praktische Werkstattunterricht nicht nur eine fruchtbare Ergänzung zum theoretischen Unterricht gewesen, sondern zugleich auch ein wertvoller Ersatz für das eine Jahr Fabrikpraxis, das dem fachwissenschaftlichen Studiengang des heutigen Ingenieurs vorauszugehen pflegt. Und doch gab ich mich keineswegs damit zufrieden.

„Keck hatt' ich mir gesetzt das höchste Ziel!" Ein Fahrzeug wie das des Vaters sollte es werden, ohne Pferde — aber auch ohne Schienen. Ein selbstfahrendes Straßenfahrzeug!

Ich fühlte, daß ich tiefer schürfen und tiefer graben müsse, um auf die Schichte zu kommen, die für meine Zukunftspläne und Zukunftshoffnungen Mutterboden werden konnte. So kamen nach vier Jahren akademischem Studium die Wanderjahre.

Wanderjahre

O Wandern, o Wandern, du freie Burschenlust! Wandern! Was für ein Klingen und Singen liegt in diesem Wort! Wäre ich allein gewesen, jetzt hätte ich mein Bündel geschnürt, hätte mich als „Wanderbursche" durch die Welt treiben lassen — wie ein Treibholz — auf den Strömen des Lebens. Und wo aus dem Erwerbs- und Wirtschaftsleben die Turmkamine am weitesten in die Höhe ragten und wo aus Industriezentralen die Maschinen am lautesten rasselten und lärmten — da hätte ich Halt gemacht, wie der Wanderer an einem aussichtsreichen Plätzchen Halt macht und sich hineinsetzt in den wärmenden Schein der Sonne.

Aber ich war nicht allein. Ich hatte ja noch meine Mutter. Und die Anhänglichkeit an die Mutter brachte mich auf den Gedanken, womöglich Heimat und Fremde unter einen Hut zu bringen und die praktischen Erfahrungen der „Fremde" zunächst auf dem Boden der Heimat zu suchen.

Da bis dahin die Handarbeit auf meinem Entwicklungsgang verhältnismäßig bescheiden zurücktreten mußte hinter die Kopfarbeit, ich aber in bezug auf praktisches Können in allen Sätteln gerecht sein wollte, stellte ich mich als Arbeiter an Schraubstock und Drehbank neben andere gewöhnliche Arbeiter. Ich sagte mir ganz richtig: „Um allen Anforderungen der Zukunft gerecht zu werden, um überragende Werte zu schaffen, muß man unten, ganz unten bei den Fundamenten anfangen."

So hatte mich nach meinem gymnasialen und fachwissenschaftlichen Studium die Liebe zu den Lokomotiven in eine Lokomotivenfabrik — die Maschinenbaugesellschaft Karlsruhe — geführt. Der Dienst war schwer und hart, Sommer wie Winter von morgens 6 bis abends 7 Uhr, nur mit einer Stunde Mittagspause. Nicht nur Arme und Hände waren vom Tagwerk abends müde, sondern infolge der damaligen mangelhaften Beleuchtung der Fabrikräume auch die Augen. Hier lernte ich, wenn ich zwölf Stunden lang im Halbdunkel gebohrt und gefeilt hatte, das Wort: „Lehrjahre sind keine Herrenjahre" von seiner strengsten Seite her kennen.

Trotzdem arbeitete ich nach den Feierabendstunden noch angestrengt an meiner theoretischen Weiterbildung. Dabei gab mir meine Lieblingsidee, die Lokomotive auf die Straße zu stellen, die innere Spannkraft. Ich wollte die Lokomotive aus ihrer Zwangsläufigkeit befreien. Sie sollte nicht mehr gebunden sein an die eiserne Linie der Schiene, an den starren Schienenstrang. Alle Straßen nach allen Seiten, nach links und rechts, nach oben und unten, kurz, den ganzen Raum sollte sie beherrschen. „Schienenlos", das war der Leitgedanke meines erfinderischen Tastens schon auf der Hochschule gewesen. Auf einmal nehmen meine Ideen bestimmtere Formen an. Es entsteht ein erster Entwurf, eine erste Zeichnung. Bis ins kleinste hinein wird das neue schienenlose Fahrzeug mit aller Sorgfalt durchkonstruiert. Der junge „Erfinder" hatte keine Ahnung davon, daß das, was er in seinem Innern erwog und konstruktiv zu Papier brachte, in England und Frankreich lange vor ihm praktische Form und Gestalt angenommen hatte — als Straßenlokomotive. Mein Fahrzeug ist immer nur ein papierenes geblieben, da mir zur praktischen Ausführung so ziemlich alles fehlte: Geld, Zeit und Gelegenheit.

2½ Jahre ließ sich der Lokomotivenschwärmer in praktisch-arbeitender Stellung festhalten von seinen eisernen Idealen — treu dem Gebote des Kantschen Imperativs. Die Hand voll Ruß und Schwielen, aber mit einem Herzen voll mutiger Zukunftspläne.

Jetzt, nachdem ich sämtliche Betriebe im Lokomotivenbau praktisch durchlaufen und gründlich kennen gelernt hatte, wollte ich weiter. Der Erfahrungskreis meiner Fabrik- und Bureaupraxis sollte noch weitergespannt werden. Daher verließ ich 1867 die Residenz und ging nach Mannheim. Hier vertauschte ich Feile und Bohrer wieder mit Maßstab und Zirkel. Auf dem technischen Bureau von Johann Schweizer sen. konstruierte ich Kranen, Wagen, Zentrifugen usw. So interessant auch die Kranen waren, die wir bauten, eines vermochten sie doch nicht, nämlich mein Ideal des pferdelosen Fahrzeugs aus den Angeln zu heben und in den Hintergrund des Interesses zu verdrängen. Allerlei Konstruktionen entstanden in meinem Kopfe und auf dem Reißbrett. Aber ich blieb immer in den Entwürfen stecken.

Und doch bin ich um diese Zeit schon pferdelos gefahren als Kunstreiter auf dem Knochenschüttler.

Auf dem Knochenschüttler

Deutlich sehe ich noch den Kunstreiter vor mir. Sieh! da kommt er, angestaunt von jung und alt, dahergeschnauft auf einem pferdelosen Wagen. Auf dem ersten Motorschnauferl also? O nein! Motor und Schnauferl, beides ist er noch in höchst eigener Person. Schweißtropfen fallen ihm von der Stirne, so sauer und schwer fällt ihm die Rolle, Motor zu spielen. Doch es muß sein; denn sein „pferdeloser Wagen" ist nichts anderes als ein Zweirad, nach dem Muster des Urvelozipeds, der alten Draisschen Laufmaschine[1]) — aber mit Tretkurbeln[2]) am Vorderrad.

Wie ich zu meinem Fahrrad kam?

Es war im Jahre 1867. Da kam eines Tages mein Freund, Buchdruckereibesitzer Walter, zu mir. Er war von einer Reise aus Stuttgart zurückgekommen. Dort hatte er den eleganten Renner gesehen und ruhte nicht — da er selbst schlecht zu Fuß war —, bis er ihm gehörte. Es war aber leichter, die Maschine zu kaufen, als auf dem schweren Ding zu fahren. Bei fast all seinen Versuchen artete das Fahren in ein Fliegen aus. Daher hatte er den eigenartigen Sport bald satt und sah sich nach einem neuen Käufer um. Da er meine „Schrullen" kannte, muß er wohl in mir einen Liebhaber gewittert haben. Ich musterte das kuriose Ding und war sofort Feuer und Flamme. Mit dem Fahrrad von heute hatte es allerdings nichts gemeinsam als eben die zwei Räder. Diese waren aus Holz und

---

[1]) Bekanntlich erfand der badische Forstmeister K. v. Drais seine zweirädige Laufmaschine im Jahre 1817 zu Mannheim (Patent vom 12. Jan. 1818). Verlacht, verhöhnt, vergessen — das war sein Erfinderschicksal. Erst als ein paar Menschenalter später das Fahrrad als „Bicycle" und „Veloziped" aus dem Ausland nach Deutschland kam, wurde es geachtet, geehrt und allgemein eingeführt.

[2]) Die Tretkurbel wurde erfunden von dem Schweinfurter Philipp Fischer.

wurden durch eiserne Reifen zusammengehalten. In ganz primitiver Weise saß der Sitz zwischen Hinter- und Vorderrad auf einer langgestreckten Feder. Etwas größer als das Hinterrad war das Vorderrad, das etwa 80 cm im Durchmesser hatte. Angetrieben wurde das Vorderrad durch Tretkurbeln, die direkt mit ihm in Verbindung standen.

Schon nach 14 Tagen angestrengtester Versuche konnte ich, was mein Freund nie gelernt hatte, das Meistern des Rades. Es war allerdings keine kleine Arbeit, auf Mannheims holperigem Pflaster das Gleichgewicht zu halten. Aber der hüpfende Gaul mußte gehorchen, ja, ich mutete ihm — lies mir! — sogar wiederholt die vermessene Aufgabe zu, große Touren über Land zu machen (z. B. Mannheim-Pforzheim).

Wenn ich einkehrte und mein zentnerschweres Rad an irgendeine Wirtshausecke lehnte — guten Wirtshäusern bin ich zeitlebens nie aus dem Wege gegangen —, so sammelte sich gern viel neugierig Volk, kleines und großes, um die plumpe Maschine. Und keiner wußte, ob er mehr das schwere Fahrzeug mit seinen eisenbereiften Holzrädern und seinem schlecht federnden Sattel bespötteln oder das geschickte Balancieren des „Kunstreiters auf nur zwei Rädern" bewundern sollte.

Das alles kümmerte indes den „Kunstreiter" gar wenig. Stolz pedalierte er auf und davon. Und aus seinen Augen leuchtete etwas von dem, das in ihm lohte und brannte — von der Begeisterung für das Problem des selbstlaufenden Fahrzeugs.

Heute, wo die kleinen Kinder auf dem Fahrrad zur Welt kommen, wird man es kaum verstehen, daß der erste Radler, der durch Mannheims Straßen pedalierte, einst durch die Lach- und Spottsalven der Menge Spießruten fahren mußte — genau wie einst Drais auf seiner Laufmaschine.

Eines schönen Tages mußte das schwere Holzungetüm trotz

aller Begeisterung in die Rumpelkammer. Seine Eisenreifen fraß der Rost und auch die Holzräder fielen dem Zahn der Zeit zum Opfer. Was aber nicht in die Rumpelkammer wanderte, was nicht verrostete und zusammenfiel, das war die Idee, pferdelos zu fahren. Im Gegenteil: Die packte mich jetzt erst recht mit der Allgewalt der forschenden Spürkraft und ließ mir Tag und Nacht keine Ruhe mehr.

Zwei Dinge waren mir jetzt klar. Zwei Dinge stellten sich nach diesen mißlungenen Versuchen wie abschreckende Wegweiser auf meine Forscherbahn:

Erstens durfte mein Ideal nicht zwei Räder bekommen. Das war zu wenig. Ein Wagen, der in bezug auf Bequemlichkeit mit der eleganten Droschke in Wettbewerb treten konnte, sollte es werden.

Zweitens mußte dabei unter allen Umständen die Menschenkraft ersetzt werden durch Maschinenkraft. Aber wie? Das ist die Frage, die mich fortan beschäftigte. —

Mannheim mit seiner emporstrebenden Industrie und seinem aufblühenden Handel muß einen starken, nachhaltigen Eindruck auf mich gemacht haben. Das merkte ich erst so recht, als ich nach zwei Jahren die Rhein-Neckarstadt verließ.

Um auch im Brückenbau Erfahrungen zu sammeln, trat ich bei Gebrüder Benckiser in Pforzheim ein. Hier lernte ich aber noch mehr kennen als den Brückenbau. Hier war mir das Glück begegnet, jung und schön.

Das Glück, das später mein Lebensglück werden sollte, indem es meinem schöpferischen Ringen und Schaffen wie eine zweite Triebfeder gegen hemmende Widerstände immer wieder neue Spannkraft verlieh. Berta Ringer hieß das temperamentvolle Pforzheimer Kind, das fortan mitbestimmend und mitberatend in den Kreis meiner Ideen und Interessen tritt.

Eigene Heim- und Werkstätte

So viel Schönes und Angenehmes auch der Aufenthalt in der Schwarzwaldstadt Pforzheim bot, nach zwei Jahren trieb mich das technische Interesse wieder zurück nach Mannheim. Diese Stadt mit ihrem lebendigen Arbeitsgetriebe einer erwachenden Industrie zog mich ganz in ihren Bann. Hoffnungsfreudig und stark setzte meine Unternehmungslust hier ein. Der Arbeit hatte ich bis auf den Grund geschaut. Das gab mir den Mut, über mich und meine Arbeit hinauszubauen. Neue Wege wollte ich suchen, neue Wege gehen. So legte ich im Jahre 1871 den Grundstein zu einem eigenen Geschäft mit Hilfe eines kleinen Vermögens, das ich mir zum Teil selbst erspart hatte. Diese „mechanische Werkstätte" bildet den Anfangs- und Ausgangspunkt einer industriellen und kulturellen Kurve ausgesprochenster Emporentwicklung. Wenn ich damals auch noch keine Ahnung hatte vom Verlauf dieser Kurve — daß es eine steigende Kurve werde, das fühlte ich im Vertrauen auf die Wunderkraft der Pieke. Jetzt glaubte ich so viel praktisch und theoretisch gelernt zu haben, um mich nun selber auf den Ausguck zu stellen, selber die Fahrtrichtung zu bestimmen, selber in die Speichen des Rades zu greifen.

Klein und bescheiden fing das Geschäft an Wurzeln zu schlagen. Da ich in Mannheim geschäftlich immerhin ein Fremdling war, wurde es mir sehr schwer, festen Fuß zu fassen.

1872 heiratete ich. Damit tritt mir ein Idealist zur Seite, der weiß, was er will: Vom Kleinen und Engen hinaus zum Großen, Lichten, Weiten! Was bis dahin Plan war und Traum, das mußte jetzt Flügel bekommen und sich aufschwingen zur Tat. Alles Glauben und Hoffen, alles Kämpfen und Ringen, aber auch alles Erfüllen und Vollenden wurde nun zum heißen gemeinsamen Miterleben.

Plötzlich stand er vor uns, der Pfadfinder, der glückverheißend in die Zukunft wies. Und dieser Pfadfinder heißt Gasmotor. Es stand die Überzeugung in mir auf, daß der Gasmotor dazu berufen sei, als leistungsfähiger Konkurrent neben die Dampfmaschine zu treten und für den Antrieb von Arbeitsmaschinen und Fahrzeugen die allergrößte Rolle zu spielen.

Die Gasmotoren waren damals noch jung und litten an allerlei Kinderkrankheiten. Da war z. B. ein Gasmotor, erfunden von dem Franzosen Lenoir im Jahre 1860. Ein Erstling, der die löbliche Eigenschaft hatte, bei guter Laune zehn Minuten lang zu funktionieren und zu arbeiten, aber ein Ölschlemmer und Schmiermaterialverbraucher, daß man ihn scherzweise einen „rotierenden Ölklumpen" nannte. Er war ein Imitator der Dampfmaschine mit Schiebersteuerung. An die Stelle des einströmenden Dampfes trat das eingesaugte Luft- und Gasgemisch. Entzündet erreichte dieses eine Spannung von 5 oder 6 Atmosphären und trieb den Kolben nach außen bzw. nach innen. Auch die atmosphärische Gasmaschine von Otto & Langen — ein Imitator der atmosphärischen Dampfmaschine — zeigte geringe Entwicklungsmöglichkeit. Das neuaufgekommene Viertaktverfahren aber war um jene Zeit noch durch Patent geschützt.

Der schönste Silvester-Abend

So blieb mir denn nichts anderes übrig, als mein Glück auf eigene Faust zu probieren und selber eine gute Lösung aufzuspüren. Ich wandte mich dem Zweitaktverfahren zu und hatte Glück. Aber das Glück kam nicht auf Windesflügeln. Es war auch nicht das Glück des erfinderischen Zufalls. Es war vielmehr das Glück der zähen, unverdrossenen Arbeit, die im systematischen Verfolgen eines Ziels das Pendel schließlich zum Schwingen bringt. Um aber auf den Schultern des Experimentes arbeiten zu können, ist Geld nötig.

Ich weiß es noch so gut wie heut. Es war an einem Silvesterabend. Den letzten Groschen hatten wir bei den langwierigen Versuchen hineingesteckt in den embryonalen Zweitakter. Und die Sorge stand vor der Türe.

So viel mal wir auch die Maschine schon „angedreht" hatten, so oft wurden unsere hochgespannten Hoffnungen und Erwartungen von dem „Taktlosen" zerstört.

Nach dem Nachtessen sagte meine Frau: „Wir müssen doch noch einmal hinüber in die Werkstätte und unser Glück versuchen. In mir lockt etwas und läßt mir keine Ruhe."

Und wieder stehen wir vor dem Motor wie vor einem großen, schwer enträtselbaren Geheimnis. Mit starken Schlägen pocht das Herz. Ich drehe an.

Tät, tät, tät! antwortet die Maschine. In schönem, regelmäßigem Rhythmus lösen die Takte der Zukunftsmusik einander ab. Über eine Stunde schon lauschen wir tiefergriffen dem einförmigen Gesang. Was keine Zauberflöte der Welt zuwege gebracht hätte, das vermag jetzt der Zweitakter. Je länger er singt, desto mehr zaubert er die drückend harten Sorgen vom Herzen. In der Tat! War auf dem Herweg die Sorge neben uns hergegangen, so ging auf dem Rückweg die Freude neben uns her. Auf die Glückwünsche der Welt konnten wir an diesem Neujahrsabend verzichten. Denn wir hatten ja das leibhaftige Glück an der Arbeit gesehen in unserer ärmlich-kleinen Werkstätte, die an diesem Abend zur Geburtsstätte eines neuen Motors wurde.

Lange noch standen wir aufhorchend im Hofe und immer noch zitterte es verheißungsvoll durch die Stille der Nacht: Tät, tät, tät! —

Auf einmal fangen auch die Glocken zu läuten an. Silvester-Glocken! Uns war's, als läuteten sie nicht nur ein neues Jahr sondern eine neue Zeit ein, jene Zeit, die vom Motor den neuen Pulsschlag empfangen sollte.

Widerstände

Wo immer etwas Großes geleistet worden ist auf dem Amboß der Technik, da waren Hammerschläge nötig. Widerstände mußten niedergebrochen, Zeitmeinungen zusammengehämmert werden, damit die neue Form mit unbeugsamer Gestaltungskraft herauswachsen konnte, allen finanziellen Hemmungen und geschäftlichen Widerständen zum Trotz.

So ging's auch mir.

Von der großen Zukunft der Explosionsmotore hatte um diese Zeit die Welt noch keine Ahnung. Im Gegenteil! Je sachverständiger und klüger die Leute waren, desto mehr schwärmten sie für die Dampfmaschine und desto geringschätziger sahen sie herab auf die Gasmaschinen. Auch in meinen Mannheimer Bekanntenkreisen fand sich niemand, der sein Vertrauen zur Motorensache durch „Investierung eines bestimmten Kapitals" beweisen wollte.

Da kam eines Tages Hofphotograph Bühler zu mir. Der hatte sich schon an viele Fabriken und Werkstätten der verschiedensten Städte gewandt, um für eine Art Satiniermaschine hochfein polierte Stahlplatten zu bekommen. Vergebens!

Was anderen nicht gelungen war, mir hatte es keine allzu großen Schwierigkeiten gemacht. Ich konnte ihm Platten liefern, die ihm für seine Zwecke ausgezeichnete Dienste leisteten. Dadurch bekam der Mann Vertrauen zu mir und fing an, sich auch für meine neue Produktionsidee — den Gasmotor — zu interessieren. Er glaubte an die Zukunft des Gasmotors und erklärte sich bereit, durch Beteiligung mit einem kleinen Kapital — als Associé — die Idee auszuwerten und auszunutzen. Jetzt war ich in der Lage, flott zu produzieren. Ich baute zunächst 1 PS Zweitaktmotoren für Pumpen. Diese Zweitaktmotoren waren mit einer besonderen Luftpumpe und einer besonderen Gaspumpe versehen. Das Benzin wurde mit Hilfe eines Oberflächenvergasers, wie sie damals schon bekannt waren, zum Verdunsten gebracht. Eine Schiebersteuerung besorgte den Gaszutritt.

Bald baute ich auch zwei- und vierpferdige Motoren. Das Unternehmen blüht auf. Aus sechs Arbeitern werden vierzig und mehr. Schon muß das Geschäft vergrößert und verlegt werden. Fremde Kräfte treten ein. Unter dem Namen „Mannheimer Gasmotorenfabrik" wird eine Aktiengesellschaft gegründet.

Die Zweitaktmotoren waren wohl ein gutes geschäftliches Sprungbrett. Doch hing mein Herz ja nicht am Zweitaktmotor, sondern am selbstlaufenden Fahrzeug. Aber gerade um diesen Erfindertraum türmten sich die Widerstände bergehoch.

Meine Geschäftsgenossen waren starke Realpolitiker und hatten kein Verständnis für mein Lieblingsideal — den Motorwagen. Benz-Motore — ja, die waren recht. Das gab Geld. Aber Benz-Wagen, nein, da wäre es um jeden hineingesteckten Pfennig zu schade.

Als ich sie für meine Idee, die immer im stillen neben mir hergegangen war, in allem Ernst zu gewinnen suchte, unter Hinweis auf unseren flotten Geschäftsgang, da bekam ich zur Antwort: „Aber vorerst nur keine Spielereien und Phantastereien. Jagen Sie keinem Phantom nach! Lassen Sie uns an den ortsfesten Zweitaktmotoren erst so viel Geld verdienen, daß die Versuche mit Ihren technischen Phantomen keine empfindlichen Geldopfer mehr bedeuten."

So stand dem hoffnungsfrohen Optimismus, dem sonnigen, starken Glauben an das große Erfinderideal eine undurchdringliche Wolkenwand von Geschäftsskepsis und Geldpessimismus gegenüber.

Aber wenn die anderen Feierabend hatten und fortgingen, holte ich nach Art Friedrichs des Großen die geliebte Flöte hervor und spielte muntere Zukunftsweisen. Was für Gedanken, Entwürfe und Pläne auch leise hinzitterten über das Reißbrett, eines Tages sollten sie sich vereinigen zur lauten, harmonisch-technischen Ouvertüre des motorischen Fahrzeugs.

Bei dieser Sachlage war es klar, daß ich auf die Dauer nicht die Rolle der „ausgepreßten Zitrone" spielen wollte. Ich trat aus der Gesellschaft aus und zog mich wieder nach meiner Werkstätte in T 6 zurück.

Der neue Zweitaktmotor

Da stand ich nun zunächst allein. Unverzagt und unbeirrt wie ein wetterharter Pilot halte ich in dunkler Nacht das Steuer meines Lebensschiffleins eingestellt auf das Leuchtfeuer meines Ideals.

Nur ein Mensch harrte in diesen Tagen, wo es dem Untergang entgegenging, neben mir im Lebensschifflein aus.

Das war meine Frau. Sie zitterte nicht vor dem Ansturm des Lebens. Tapfer und mutig hißte sie neue Segel der Hoffnung auf. Nicht umsonst! Nach einigen sorgenschweren Tagen kam ein alter langjähriger Bekannter, der Kaufmann M. Rose, zu mir. Der hatte von meinem Geschäftsaustritt gehört. Da er über ziemliche Geldmittel verfügte und ich sein Vertrauen genoß, schlug er mir eine neue Geschäftsverbindung vor. Hocherfreut gründete ich mit ihm das Unternehmen Benz & Co., Rheinische Gasmotorenfabrik Mannheim.

Damit legte ich ein Samenkorn in die Furche, das später zu einem Werk von Weltruf sich fortentwickeln sollte.

Aber auch bei dieser Gründung mußte ich die Richtigkeit des Dichterworts schmerzlich empfinden: „Des Lebens ungemischte Freude ward keinem Irdischen zuteil." Herr Rose war entzückt von meinen reellen Größen — den Zweitaktmotoren. Inbezug auf meine imaginären Größen aber sollte ich mich vorerst noch in der Geduld üben. Wohl wurde von vornherein der Bau von Motorwagen in das Programm der neuen Firma aufgenommen, aber nicht auf der ersten Seite, sondern auf der zweiten. Wie der Name Gasmotorenfabrik es schon ausdrückt, stand auf der ersten Seite des Programms: Bau von Benzmotoren als ortsfeste Kraftquelle. Erst nachdem auf dem Boden fester Wirklichkeitsarbeit so viel Werte geschaffen waren, daß die Weiterentwicklung des Geschäftes auf sicherer Grundlage ruhte, wollte man den Sprung in die Zukunft wagen und dem „Vorwärtsdrängenden" Brücken bauen. Es blieb mir nichts anderes übrig, als auf diese Bedingungen einzugehen. Daß aber auch so gar niemand an mein „Luftbild" glauben wollte, schnitt mir tief ins Herz. Ich kam mir vor wie ein gefangener Vogel hinter goldenen Gittern, der mit unterbundenen Flügeln nach seinen fliegenden Kameraden in die Höhe schaut.

Doch die Gefangenschaft war nicht so schlimm, wie ich in meiner ersten Niedergeschlagenheit fürchtete. Mit doppeltem Eifer warf ich mich jetzt auf die Zweitaktmotoren, die den Zauberschlüssel der Erlösung bargen.

Zunächst suchte ich mein Zweitaktgasmotorensystem zu vervollkommnen. Das Ansaugen und Komprimieren der Luft wurde dem Arbeitskolben übertragen, so daß eine besondere Luftpumpe in Wegfall kam (vgl. Abb. 6). Die Steuerung für den Gaszutritt wurde nicht mehr durch Schieber, sondern durch Ventile bewerkstelligt. Auf die Vervollkommnung der Zündung war meine allergrößte Sorgfalt gerichtet. So konnte ich bald einen Motor auf den Markt bringen, der infolge seiner großen Arbeitsleistung, seiner Zuverlässigkeit und seines vorzüglichen Ganges den Namen „Benz" nicht unvorteilhaft einführte im In- und Auslande.

1886 erklärt die Prüfungskommission der Karlsruher Ausstellung, daß die Benzmotoren von allen geprüften Maschinen bei Vollgang den geringsten Gasverbrauch zeigten pro Stunde und Pferdestärke. Auf der „Kraft- und Arbeitsmaschinenausstellung München" im Jahre 1888 sagte Professor Schröter über die Benzmotoren in seinen Vorträgen wörtlich: „Wir kommen damit zu den beiden interessantesten Maschinen der

Ausstellung, welche das herkömmliche Viertaktverfahren verlassen und neue Bahnen eröffnet haben; ich meine die Motoren von Benz (ausgestellt von der Rheinischen Gasmotorenfabrik Benz & Cie. in Mannheim) und die Maschine von Atkinson, vorgeführt in einem aus England stammenden Exemplar von der Gräflich Stolberg-Wernigerödischen Faktorei Il-

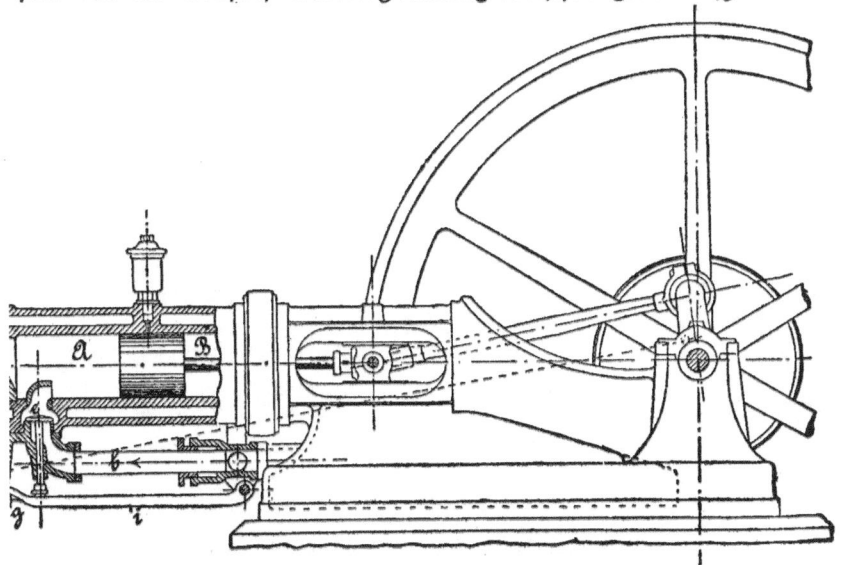

Abb. 6. Der Zweitaktmotor (Längsschnitt, aus Schröter)[1].

senburg." Es ist hier nicht der Ort, auf Schröters fachwissenschaftliche Ausführungen, insbesondere über den „Gewinn gegenüber einer gewöhnlichen Viertaktmaschine" des Näheren[1] einzugehen. Dagegen sei das Prinzip meines Zweitaktmotors an der Hand der Abbildung 6 kurz erläutert.

Am leichtesten werden wir die Arbeitsweise der Maschine

---

[1] Wer sich im Besonderen für die eigenartige Zündvorrichtung interessiert, vgl. Fig. 59 und 60 in: M. Schröter, Die Motoren der Kraft- und Arbeitsmaschinen-Ausstellung in München 1888.

verstehen, wenn wir die Vorgänge studieren: 1. hinter dem Kolben, 2. vor dem Kolben. Geht der Kolben nach innen (also von rechts nach links in Abbildung 1), so wirkt er im Raume B wie eine Luftpumpe und saugt Luft an. Geht er wieder nach außen, so drückt er die eingesaugte Luft vermittels der Schiebersteuerung a in einen im Bett der Maschine untergebrachten

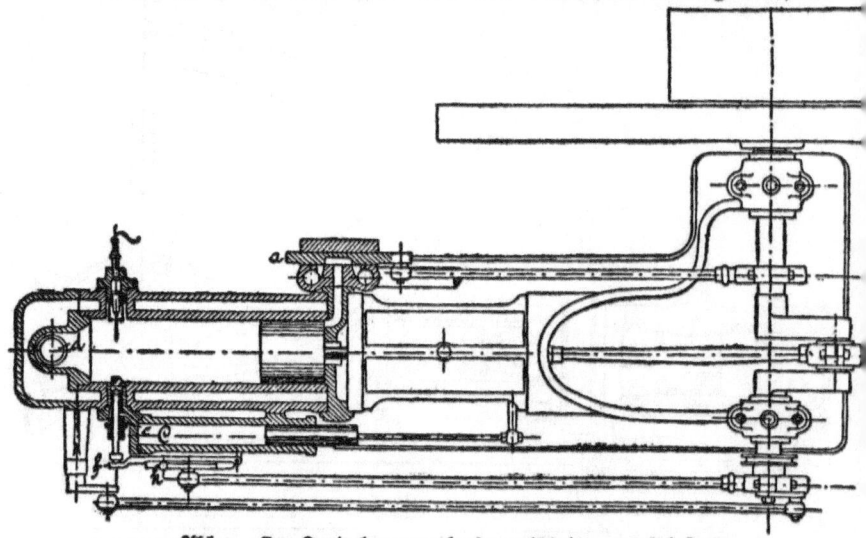

Abb. 7. Der Zweitaktmotor (Horizontalschnitt, aus Schröter).

Behälter hinein. Der Überdruck in dem Preßluftbehälter wird indessen nicht groß, $^1/_{10}$ Atmosphäre etwa. In Abbildung 6 ist der Windkessel durch Strichelung angedeutet.

Studieren wir nun die Vorgänge vor dem Kolben. Geht der Kolben nach innen, so öffnet sich das Ventil d und gleich darauf auch das Ventil e. Die Verbrennungsgase im Raume A werden nun nicht nur durch den nach innen gehenden Kolben zu dem geöffneten Ventil d hinausgedrückt, sondern auch durch die aus dem Windkessel einströmende Preßluft hinausgespült. Die Reinigung des Raumes A ist bis auf geringe Rückstände vollzogen, wenn der Kolben die Hälfte des Hubes zurückgelegt hat. Jetzt schließen sich die beiden Ventile e und d; dafür öffnet sich das Ventil c, so daß die erforderliche Gas-

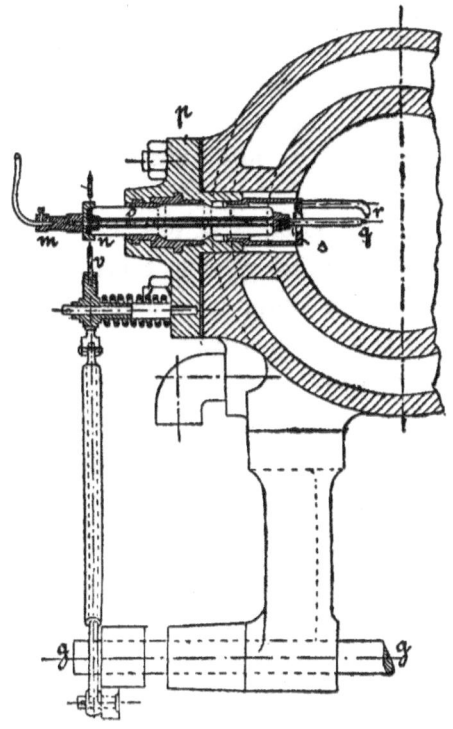

Abb. 8. Die Zündvorrichtung des Zweitaktmotors (aus Schröter).

ladung in den Raum A hineingepreßt werden kann. Dieses Hineinpressen ist nötig, weil der Kolben die Luft zu komprimieren angefangen hat. Um die höhere Spannung im Zylinderraum A zu überwinden, ist eine besondere Gaspumpe C angebracht. Letztere preßt so lange Gase ein, bis der Kolben am

Ende seines Hubes angelangt ist. Dann kommt die Hauptsache: die Zündung und damit der Arbeitshub. Ein Funkeninduktor, der mit einer kleinen Dynamomaschine in Verbindung steht, läßt im Raume A zwischen zwei Platinspitzen Funken überspringen. Das Gas-Luftgemisch explodiert und treibt den Kolben — Arbeit leistend — nach außen (Arbeitshub). Hierauf beginnt das Spiel — vor und hinter dem Kolben — aufs neue.

Man sieht sofort, daß die Maschine bei jedem zweiten Hub Arbeit leistete, nicht erst bei jedem vierten Hube, wie es bei der Viertaktmaschine der Fall ist.

Dank der flotten Produktion und des ebenso flotten Absatzes der ortsfesten Zweitaktmotoren dauerte die Geduldsprobe nicht lange. Schon nach einem Jahr durfte mein Erfinderideal seine Schwingen regen und breiten, durfte emporsteigen in der freien Luft, hinauf in den Zenit der Tat. —

Wie ich das Gesamtproblem des Motorwagens löste

Vom Ersinnen zum Erschaffen

So war denn endlich meine Stunde gekommen.

Was in entsagungsvollem Ringen seit mehr als 20 Jahren neben mir hergegangen war, was ich in schlaflosen Nächten dachte und sann, am Reißbrett konstruierte und berechnete, was im Fegfeuer der Widerstände und der Not geläutert war — jetzt sollte es werden und wachsen, sich gestalten zur fertigen, vollendeten Form. Nun mußte es zur Selbstbefruchtung meiner Pläne, Entwürfe und Ideen kommen. Daß das Kind meiner produktiven Schaffenskraft **lebensfähig** sein werde, dieser bergeversetzende Glaube zuckte in jeder Nervenfaser und im letzten Blutstropfen.

Als ich an die Anfertigung der Holzmodelle ging, da war das **motorgetriebene Fahrzeug** fix und fertig — auf dem Papier, in der Konstruktionsmappe. Da gab es kein Zahnrad und Zahnrädchen, keine Schraube, Kette und Riemenscheibe, kurz kein Teilchen bis herab zum letzten Griff und Knopf, das nicht in der Zeichnung vorgesehen war. Aber so siegesgewiß entworfen, so wohl überlegt und exakt berechnet auch alles war — nicht immer konnte das **Theoretische** in Ehren bestehen vor dem Forum des **Praktischen**. Manches Teilchen gebärdete sich in der Praxis ganz anders, als der Konstrukteur es vom Standpunkt der Berechnung aus erwartet hatte. Mancher Einzelteil tat fremd, wollte sich nicht akklimatisieren und sich nicht willig einfügen in den Zusammenhang der Dinge und in den Gesamtorganismus. Eine Schwierigkeit um die andere bäumte sich auf. Aber keine vermochte den Erfinderwillen zu lähmen.

Im Gegenteil! Mit den wachsenden Widerständen wuchs Tatkraft und Tatwille. Jetzt zeigte sich so recht, wie gut es war, daß ich — harte Jahre hindurch — in unerbittlicher Zähigkeit ausgehalten hatte an Schraubstock und Drehbank und daß die Schwielen meiner Hände nicht zu Schandmalen, sondern zu Ehrenmalen eines deutschen Arbeiters wurden. Nur dadurch, daß der praktische Arbeiter und der technische Forscher sich in innigster Verflechtung in mir die Hände reichten, war es mir möglich, dem werdenden Motorwagen alle Tücken, Launen und Bosheiten auszutreiben. Dabei verneigte sich unbewußt der Praktiker vor dem Theoretiker, wo oft das Umgekehrte am Platz gewesen wäre. Wie sehr ich in meinem schöpferischen Suchen von theoretischen Erwägungen ausging, das zeigt — um nur ein markantes Beispiel herauszugreifen — das Schwungrad meines ersten Motors. Wer sich schon einmal die Mühe genommen hat, in die aufgedeckte Maschinerie eines modernen Autos hineinzusehen, weiß, daß das Schwungrad des Motors eine vertikale Lage hat. Ich gab dem Motor meiner ersten Wagen ein horizontales Schwungrad. Mochten die einen lachen, die anderen den Kopf schütteln, ich berief mich auf das Gesetz des Beharrungsvermögens. Ich fürchtete, ein Schwungrad, das in vertikaler Ebene kreist, könne infolge seines Beharrungsvermögens dem Wagenlenker das Steuern erschweren, zumal das Gewicht des Wagens kein großes war.

Wie bei diesem Beispiel ging es manch liebes andere Mal: So zielbewußt und sicher der Theoretiker sich einbildete, den Stift geführt zu haben, das letzte maßgebende Wort sprach doch immer wieder der Empiriker. Theoretischer Entwurf und praktische Ausführung ließen sich eben nicht immer in Gleichung setzen. Die Erfahrung schob da und dort Störungsfaktoren dazwischen, und es galt, diese Störungsfaktoren, diesen Erfahrungskoeffizienten Schritt für Schritt zu vermindern und zum Verschwinden zu bringen. Tausend andere hätten sich zurückschrecken lassen von diesen unvorhergesehenen Störungsfaktoren, hätten den „Karren" unvollendet und mutlos in die nächstbeste Ecke gestellt. Mich konnte nichts schrecken. „Jetzt erst recht", dachte ich und ging auf den scheinbar unüberwindlichen „Erfahrungskoeffizienten" los. Heute, wo man die einzelnen Teile eines Wagens nach einem gewissen Schema zusammenfügt, heute, wo es Spezialfabriken für Vergaser, Zünder, Kühler, Zahnräder, Achsen usw. gibt, können mir wohl nur wenige meine Erfinderschmerzen nachfühlen. Das Gesamtproblem der Motorwagenerfindung löste sich für mich auf in eine Reihe von Einzelproblemen und Unterproblemen. Konnte eines dieser Einzel- oder Unterprobleme nicht gelöst werden, so war es unmöglich, den Motorwagen betriebsbrauchbar und straßenreif zu machen, d. h. die Lösung des Gesamtproblems mußte scheitern.

Auf dem Weg von der Konstruktionsmappe bis zum laufenden Wagen, vom Ersinnen bis zum Erschaffen lagen also viele eng ineinander verzahnte Schwierigkeiten.

Nun mußte aus dem Überdenken das praktische Überwinden werden. Nun mußte es sich zeigen, ob die innere Spannkraft, die Fähigkeit zu kombinieren, das ganze Rüstzeug meines Wissens ausreicht, um die Probe aufs Exempel zu machen, um aus Gedanke, Zeichnung und Rechnung in steter Wechselwirkung mit dem Zweck raum- und körperhaft das Erfindungsideal herauswachsen zu lassen und ihm Leben einzuhauchen. Und die Probe glückte, glückte rascher, als das lockende Geheimnis es ahnen ließ. —

Das Problem des leichten, schnell laufenden Motors

Der Schwerpunkt des Gesamtproblems lag natürlich im Motor. Ein brauchbarer Motor gewonnen, alles gewonnen! Sofort machte ich mich daher an den Bau eines Motors, der das Zeug dazu haben sollte, alle bisherigen Triebkräfte der Straßenfahrzeuge aus dem Felde zu schlagen — den Menschen, das Tier, die Dampfmaschine. Was das neue „eiserne Roß" für zwei Haupteigenschaften haben müsse, das war mir ja schon seit vielen Jahren klar:

1. mußte der Motor leicht sein, viel, viel leichter als die damals bekannten, ortsfesten Gasmotoren, die selbst bei kleineren Leistungen sich durch ein hohes Gewicht auszeichneten.

2. mußte der Motor mit höherer Umdrehungszahl laufen, bedeutend schneller als die ortsfesten Gasmotoren jener Zeit, die meistens nur 120—130 Umdrehungen machten in der Minute.

Also: Verminderung des Gewichts und Vergrößerung der Umdrehungsgeschwindigkeit, das war die Lösung. Die Tendenz, die den Automobilbau bis in unsere Tage hinein beherrschte, sehen wir also schon in der Geburtsstunde des ersten Autos auftauchen. Diese Tendenz heißt: Baut einen Motor — einen Zwerg an Gewicht, aber einen Titanen an Kraft!

Ein Motor mit einem Kolbenlauf von etwas mehr als 100 mm und einem inneren Durchmesser von zirka 100 mm machte das „Versuchskaninchen". Bei der Prüfung ergaben sich folgende Resultate: $^2/_3$ Pferdestärke und 250—300 Umdrehungen in der Minute. Der Motor arbeitete — wie es heute noch bei fast allen Automobilmotoren der Fall ist — nach dem Prinzip des Viertakts. (Vgl. Abb. 9.) Es ist das jenes Prinzip, das auf dem Gebiet der ortsfesten Gasmotoren Reithmann & Otto als die Ersten praktisch und erfolgreich ausführten.

Geht der Kolben, getrieben durch die Kraft des Schwungrades, nach außen, so saugt er durch das geöffnete Ventil E das brennbare Gasgemisch an (1. Takt = Saughub).

Hierauf schließt sich das Einlaßventil E; der Kolben geht nach innen und preßt das vorher eingesaugte Gas-Luftgemisch stark zusammen. (2. Takt = Kompressions- oder Verdichtungshub.) Sobald der Kolben den Endpunkt seines Weges nach innen (innerer Totpunkt) erreicht und das Gasgemisch auf ein möglichst kleines Volumen zusammengedrückt hat, erfolgt die Zün-

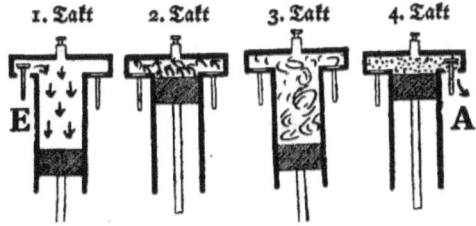

Abb. 9. Schema des Viertakts.

dung. Zündende elektrische Funken schlagen durch das Gasgemisch und bringen dasselbe zur Explosion. Die verpufften, hochgespannten Gase treiben den Kolben auswärts, der auf diese Weise gezwungen wird, unter Ausdehnung der Gase Arbeit zu verrichten. (3. Takt = Arbeitshub.) Bei Beginn des nächsten Hubes öffnet sich das Auslaßventil A; der Kolben geht wieder nach innen und drängt die verbrannten Gase zum Zylinder hinaus (4. Takt = Auspuff).

Wie bei den ortsfesten Viertaktmaschinen leistete also auch hier von vier Kolbenhüben nur einer Arbeit, der dritte. Alle übrigen Hübe wirken gleichsam als Bremse. Denn die Arbeit, die für das Ansaugen, Verdichten und Ausblasen nötig ist, muß dem rotierenden Schwungrad entnommen werden bzw. der im Schwungrad aufgespeicherten Energie.

Dem Nichteingeweihten wird es auffallen, warum ich den ältesten Wagenmotor im Viertakt und nicht im Zweitakt laufen ließ. Wohl konnte nach dem Urteil der Fachwelt[1]) die Benzsche Zweitaktmaschine „als eine der besten Lösungen des an und für sich schwierigen Problems der Zweitaktmaschinen angesehen werden". Sie hatte auch für damalige Verhältnisse einen recht günstigen Verbrauch. Jedoch war sie erheblich komplizierter als der Viertakt und konnte daher nach meiner Ansicht im Gewicht niemals so leicht hergestellt werden wie ein Viertaktmotor. Aus diesem Grunde wählte ich den Viertaktmotor zum Antrieb meines Wagens, trotzdem ich für stationäre Zwecke noch lange meinen Zweitaktmotor baute.

In einer Zeit, wo die Schiebersteuerung in der Technik der Automobilmotoren immer wieder von sich reden macht, ist die Tatsache nicht uninteressant, daß mein erster Automobilmotor für das einströmende Gasgemisch nicht ein Kegelventil hatte, wie es Abb. 9 zeigt, sondern eine Schiebersteuerung. In Abb. 23 ist der Gemischschieber M deutlich zu sehen. Er greift an die Stirnkurbel der horizontalen Welle A. Diese Welle steht durch zwei Kegelräder in Verbindung mit der senkrecht stehenden Kurbelwelle, auf welche die Kraft durch den Kolben direkt übertragen wird. Auch das Auslaßventil wurde von der horizontal rotierenden Welle A aus betätigt. Dem Umfang der exzentrischen Kurbelscheibe liegt nämlich ein Arm des Doppelhebels N an. Die Bewegung dieses Doppelhebels wird von der angelenkten Stange K übertragen und so das Auspuffventil gesteuert.

---

[1]) von Jhering, Die Gasmaschinen, II. Bd. 1909, S. 301. Vgl. auch in der ausländischen Literatur: Donkin, Gas, Oil and Air Engines, 4. Aufl. S. 175: „One of the best designed of German engines was the Benz ... In the opinion of Professor Witz, the difficulty was more completely and satisfactorily solved in this than in any other engine."

Das Unterproblem der Zündung

Das Problem der Probleme trat mir in der „Zündung" entgegen. Wir wissen bereits, daß am Ende des zweiten Hubes das verdichtete Gasluftgemisch entzündet werden muß. Bleibt der Funke aus, dann ist alles umsonst, dann helfen die geistreichsten Konstruktionen und die größten gefüllten Benzinbehälter nichts — das Auto wird nicht mobil. Wie von allen guten Geistern verlassen, bleibt es plötzlich stehen, vielleicht mitten im wogenden Straßenleben. Es ist daher begreiflich, daß ich meine ganze Aufmerksamkeit und Sorgfalt auf diesen empfindlichsten, aber wichtigsten Punkt des Motors wandte. Nicht umsonst grüßten die späteren französischen Automobilisten sich gegenseitig mit: Bon allumage, statt bon jour!

Mit Freuden denke ich daran zurück, daß ich schon in den allerersten Wagen jene Zündung einbaute, die im Automobilbau jede andere Zündung (Glührohr, Stichflamme) aus dem Felde schlug und heute die alleinherrschende geworden ist, die elektrische. Freilich, Magnetzündapparate von einer technischen Vollkommenheit, wie man sie heute fix und fertig im Handel beziehen kann, gab's damals noch nicht. Gleichwohl muß der Zündapparat meines ersten Wagens schon in die Gruppe der „magnetelektrischen Zündungen" gerechnet werden. Ein kleines Dynamomaschinchen baute ich in meinen Wagen ein. Das sollte den zur Zündung nötigen Strom liefern. Von der Physikstunde her wissen wir, daß in den Wicklungen des Siemensschen T-Ankers elektrischer Strom entsteht, wenn dieser sich zwischen den Polen eines Hufeisenmagnets bewegt und so die Kraftlinien von den Windungen geschnitten werden. Wie die Abbildung es zeigt, werden je nach der Stellung des Ankers die Kraftlinien durch das weiche Ankereisen so abgelenkt, daß sie bald senkrecht zu den Schleifen (Abb. 10), bald parallel zu den Schleifen sich durch das Ankereisen drängen (Abb. 11). Bei 1 gehen die Kraftlinien ⊥ zu den Wicklungen durch den Mittelteil des Ankers. Dagegen gehen die Kraftlinien in Stellung 2 nicht mehr durch den Mittelteil, sondern nur noch durch das obere und untere Ende des Ankers, und zwar ∥ zu den Wicklungen. Dreht sich also der Anker von 1 nach 2, dann nimmt die Anzahl der die Schleifen durchsetzenden Kraftlinien ab und wird = 0 in Stellung 2. Bekanntlich entstehen so

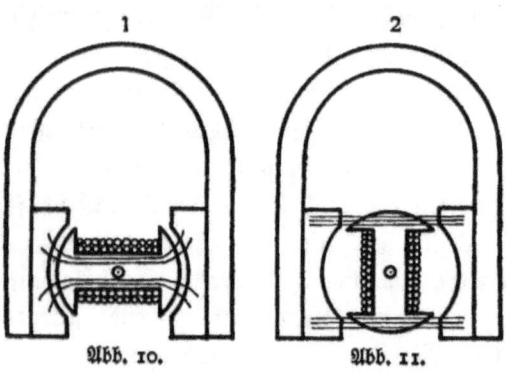

Abb. 10. Abb. 11.

bei jedem vollen Umlauf des Ankers durch dieses periodische Ab- und Zunehmen der hindurchgehenden Kraftlinien in der Ankerwicklung zwei elektrische Stromstöße von entgegengesetzten Richtungen. Um die niedere Spannung dieser Stromstöße tausendfach zu vergrößern, um mit anderen Worten von dem erzeugten Strom zündfähige Funken zu bekommen, schaltete ich nach Art der Abb. 12 zwischen Zünddynamo und Zündkerze einen Induktionsapparat.

Nach vielen Versuchen und Geduldsproben zeigte es sich: Die Dynamomaschinen der damaligen Zeit waren noch nicht reif, um die Aufgabe mit Sicherheit und Exaktheit zu lösen, die ich ihnen — der Zeit vorauseilend — zugedacht hatte. Auf guten glatten Straßen „ging's", da taten sie ihre Schuldigkeit. Anders auf holperigem Straßenpflaster! Da gab es im wahren Sinne des Wortes Steine des Anstoßes! Die Stromabnehmerbürsten ließen nicht mit sich spaßen. Infolge der Erschütterungen abspringend von der Kontaktstelle, unterbrachen sie vorübergehend den Zündstrom und veranlaßten dadurch den Motor zu „Unregelmäßigkeiten im Dienste".

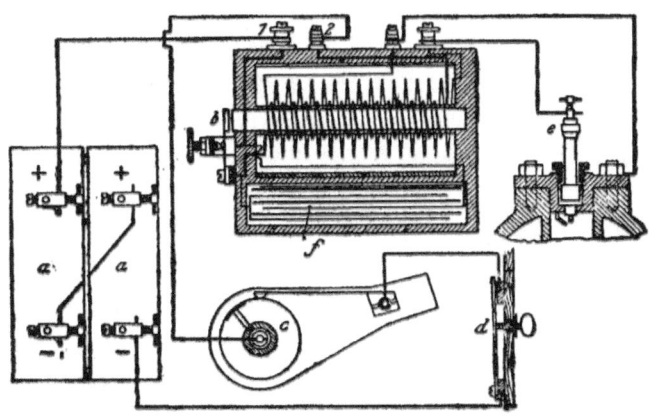

Abb. 12. Schaltplan der alten Benzzündung (aus Heller, Motorwagen und Fahrzeugmaschinen).

Angetrieben wurde dies stromspendende Dynamomaschinchen vom Schwungrad aus. Wie es die Abb. 23 deutlich zeigt, hatte das Schwungrad eine tiefe Rille; diese war dazu bestimmt; den Antriebriemen in sich aufzunehmen. Um den Motor in Gang zu setzen, mußte man vor der Fahrt das Schwungrad eigenhändig so lange andrehen, bis das Dynamomaschinchen zündfähige Funken lieferte. Mit so großer Gewißheit ich auch voraussah, daß die Dynamo einst das Problem „der zündfähigen Funken" restlos lösen werde, meine unreifen „Magnetapparate" mit ihren Mucken und Launen machten mir so wenig Freude, daß ich eines schönen Tages den ersten Zünddynamos im Kraftwagenbau den Laufpaß gab und sie *wieder* durch Bunsenelemente (untergebracht im Kasten F, vgl. Abb. 23) ersetzte. Wieder? Gewiß! Die allererste Zündung an meinem ersten Wagen war schon eine Bunsenbatterie gewesen, mit Gummi abgedichtet. Erst nachdem sich herausgestellt hatte, daß diese Batterie sich zu rasch abnützte, versuchte ich es mit einem Dynamomaschinchen, das ich selbst herstellte.

So ging ich also von der *magnetelektrischen* Zündung wieder über zur *Batteriezündung*, einer Zündungsart, die ebenfalls bis in unsere Tage hinein sich gehalten hat (Akkumulatoren). Selbstverständlich war der niedrig gespannte Strom der Bunsenelemente auch nicht imstande, im Zylinder mit Erfolg zu „funken"; denn um eine Funkenstrecke von zirka 1 mm zu überwinden, und zwar in freier Luft, sind vielleicht 500 Elemente nötig. Im Zylinder, wo das Gasgemisch im Augenblick der Zündung unter hohem Kompressionsdruck steht, sind die Widerstände noch viel größere. Haben doch diesbezügliche Versuche gezeigt, daß die elektromotorische Kraft, die zur Entzündung erforderlich ist, um so größer sein muß, je größer die Gasdichte ist. Genau wie es schon bei dem Zündstrom der Dynamomaschine der Fall war, suchte ich den Batteriestrom mit Hilfe eines Ruhmkorffschen Funkeninduktors zu *transformieren* (vgl. Skizze 12), d. h. auf höhere Spannung zu bringen. Heute noch sind die vielen Induktionsspulen vorhanden, die ich unter Mitarbeit meiner Frau in allen möglichen Größen und Drahtstärken selbst gewickelt und ausprobiert habe.

Das Unterproblem des Vergasers

Wie ein Pferd zum Leben und Arbeiten Nahrungsstoffe braucht, so auch der Motor. Von den damals bekannten Futtermitteln für Gasmotoren hatte ich für mein ehernes Zugtier gleich das richtige Kraftfutter ausgewählt: Benzin. Weshalb ich dem Benzin als Triebstoff den Vorzug gab, zeigt deutlich das folgende, von anderer Seite unfreiwillig angestellte Experiment. In einer Küche wurden zirka 6 Meter vom Herde bzw. dem Herdfeuer Handschuhe gereinigt, und zwar in einer Schüssel mit Benzin. Trotz der großen Entfernung vom Herd fing das Benzin plötzlich Feuer, explodierte und verwandelte sich in ein einziges Feuermeer, das mehreren Personen Tod und Verderben brachte. Wie ist das möglich? Das Benzin ist so leichtflüchtig, daß es schon bei gewöhnlicher Temperatur — selbst wenn dieselbe nur 0° betragen sollte — verdunstet. Die entstehenden Benzindämpfe breiten sich im Raume aus und können sich mit der atmosphärischen Luft zu einem explosiblen Gemenge vermischen. Ein Streifen dieses Benzin-Luftgemisches muß bis zum Feuer gekommen sein, so daß die durch den Raum schießende Stichflamme in einem einzigen Augenblick alles in ein Feuermeer tauchen konnte.

Abgesehen von der Leichtflüssigkeit und der auffallend schnellen Mischungsfähigkeit schätzte ich noch andere Charaktereigenschaften des Benzins: Seine vollkommene, ohne feste oder flüssige Reste zurücklassende Verbrennung, die Beständigkeit des Benzindampf-Luftgemisches, vor allen Dingen aber des Benzins hohen Wärmewert (10 000 bis 10 500 Wärmeeinheiten) und damit seinen im Wagen mitzunehmenden großen Arbeitsvorrat. Das Gefäß G in Abb. 23 ist nichts anderes als der Aufbewahrungsbehälter des zur Fahrt nötigen Benzins. Da im Arbeitszylinder das fertige Benzin-Luftgemisch zur Verwendung kommt, andererseits im Behälter G das Benzin in flüssigem Zustande aufbewahrt wird, mußte ich zwischen Aufbewahrungs- und Verbrauchsort noch eine kleine „Gasfabrik" einschalten, einen Apparat, in dem das flüssige Benzin verdampfte und sich mit Luft mischte. Diesen Apparat nennt man den „Vergaser". Spritzvergaser, bei denen das angesaugte Benzin durch ein dünnes, zugespitztes Röhrchen (Düse) verspritzt und zerstäubt wird, kannte man damals zwar schon; aber ich kannte sie nicht. Ich benützte daher für meine Zwecke einen Oberflächenvergaser. In diesen „Karburatoren" oder Oberflächenvergasern gab man dem Benzin im Interesse der Verdampfungsfähigkeit eine große Oberfläche. Wird infolge der Saugwirkung des Motors Luft über den Benzinspiegel gesaugt, so vermischt sich der Luftstrom mit dem leicht verdunstenden Benzin zu einem explosiblen Gemenge. Solche einfache Gemischerzeuger, bei denen die Vergasung nicht in einem besonderen Gefäß, sondern im Hauptbehälter selbst stattfindet, wurden von jüngeren Firmen später tatsächlich angewandt. Sie haben aber einen großen Übelstand. Da naturgemäß die **leichtflüchtigen** Bestandteile zuerst verdunsten, wird der abnehmende Benzinvorrat immer reicher an schwerverdunstenden Kohlenwasserstoffen, so daß zum Schluß nur noch ein schwer verdunstbarer Benzinrest zurückbleibt. Um möglichst wenig Rückstände, dagegen ständig sich ergänzende, frische Benzinmengen im Gemischerzeuger zu bekommen, habe ich schon an meinem ältesten Vergaser den Vorratsbehälter 5 und das eigentliche Vergasergefäß 4 voneinander getrennt (vgl. Abb. 13, aus der Patentschrift vom 29. I. 86). Durch die enge Röhre 6 mit dem kleinen Hahn 8 und durch das weite Wasserstandsglas 7 kann nach Bedarf vom Hauptbehälter Benzin zum Kupferkessel 4 zufließen. Abgase, die bei b ein- und bei c ausströmen, umspülen den Kessel in dem „Vorwärmungszylinder" a. Die Luft tritt bei f ein und bei z aus, nachdem sie im Mischraum 3 eine genügende Menge Benzingase aufgenommen hat.

Rastlos arbeitete ich in den nächsten Jahren an der Vervollkommnung meines Vergasers. Am 8. April 1887 erhielt

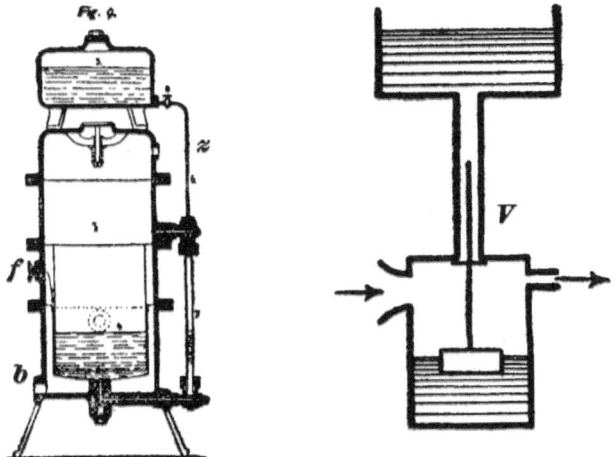

Abb. 13. Vergaser (verkl., nach der Patentschr. Nr. 37 435). Abb. 14. Vergaser mit Ventilschwimmer.

ich ein Patent auf Neuerungen, welche „die Verhütung starker Flüssigkeitsbewegungen im Innern des Gasapparates, die Erzielung eines gleichmäßigen Gemisches" und endlich noch „die Verhütung von Rückschlägen" zum besonderen Zwecke haben. (D.R.P. Nr. 43638.) Um den Benzinstand immer auf derselben Höhe zu erhalten, und zwar selbsttätig, ersetzte ich später den Hahn 8 durch einen Ventilschwimmer (vgl. Abb. 14). In dem Maße wie Benzin vergast, sinkt der Schwimmer und mit ihm auch das Ventil V. Infolgedessen wird solange Benzin aus dem Hauptbehälter fließen, bis das Ventil V des steigen-

den Schwimmers wieder die Zuflußröhre abschließt. Auf Grund
dieser Gesichtspunkte entstand in der Folge der in Abb. 15 abgebildete Benzvergaser, der — zwar immer noch ein Kind seiner
Zeit — doch schon recht vorteilhaft arbeitete.

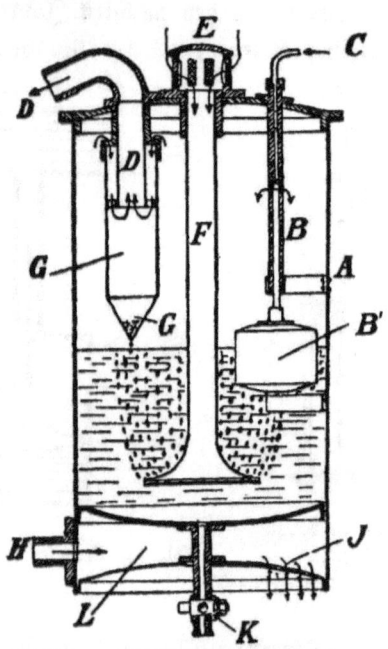

Abb. 15. Mein Oberflächenvergaser
(aus Menzel, Automobil-Vergaser).

Sobald der Kolben im Arbeitszylinder nach außen geht,
saugt er im Vergaser durch das Drahtnetz der Röhre E Luft
ein. Dadurch, daß die Luft durch den Benzinvorrat streichen
und den absichtlich weit gemachten Weg längs der Außenfläche
von G (vgl. die Pfeile) zurücklegen muß, vermengt und sättigt
sie sich mit Benzindämpfen. Das kegelförmige Stück G, das
die Luft einen möglichst großen Umweg zu machen zwingt, sorgt

aber nicht nur für innige Vermengung der Luft mit Benzindämpfen; es hatte auch das Mitreißen von flüssigem Benzin in das Ansaugrohr D zu verhindern. Der Ventilschwimmer B' erhält seine Führung im Rohre B und sorgt für geregelten Benzinzufluß. Zur Erhöhung der Verdunstungsfähigkeit streicht ein Teil der heißen Auspuffgase von H bis J durch die Kammer L und wärmt so das Benzin vor. Da durch Verdunsten bekanntlich Kälte erzeugt wird, konnte durch dieses Vorwärmen der Vergaser — und das war insbesondere in kalten Jahreszeiten wichtig — vor zu starker Abkühlung wirksam geschützt werden.

Das Unterproblem des Kühlers

Außer dem Zündapparat und dem Vergaser mußte ich noch ein anderes Nebenorgan des Motors in den Wagen einbauen: den Kühler. Durch das Explodieren des hochgespannten Gas-Luftgemisches werden nämlich so große Wärmemengen im Zylinder frei, daß sehr bald das Schmieröl verbrennen, der Kolben sich festfressen und die Zylinderwand glühend heiß würde. Eine Kühlvorrichtung war daher unerläßlich. Bei ortsfesten Gasmotoren, wo jede Wasserleitung zum Kühlen der Zylinderwände Wasser „im Überfluß" spendet, ist die Kühleinrichtung rasch gefunden. Beim automobilen Fahrzeug aber, das nicht durch große mitgeführte Wassermengen überlastet werden sollte, wurde auch die Kühlung zum Problem. Die nächstliegende Lösung dieses Problems bestand darin, von einem Vorratsbehälter aus den Zylinder vom Wasser umspülen zu lassen. Zu diesem Zwecke setzte ich zunächst einfach ein Gefäß über den Zylinder. Die äußere Zylinderwand war — wie beim heutigen Automobilmotor — umgeben von einem weiteren Metallmantel, aber getrennt durch einen Zwischenraum. Indem durch diesen zwischenliegenden Hohlraum das kältere, schwerere Wasser immer wieder hindurchfloß, während das erwärmte, leichtere Wasser nach oben stieg, wurde der Motor vor Überhitzung geschützt. Zwar versuchte ich an meinem ersten Wagen zunächst mit dieser einfachen Verdampfungskühlung auszukommen. In meiner Patentzeichnung (Abb. 16) dagegen schwebte mir schon die Idee vor, die Wärmeströmung des Wassers vollkommener auszunützen, und das warme Wasser (bzw. den Dampf) nach dem Prinzip der heutigen Warmwasserheizung durch ein Rohrsystem zwecks Abkühlung zu leiten. Dieses Prinzip beruht bekanntlich auf der Tatsache, daß ein Volumen heißen Wasfers leichter ist als das gleich große Volumen kalten Wassers. In höchst einfacher Weise kann meine Kühleridee an der Hand des bekannten Schulversuchs über "Wärmeströmung" gezeigt werden. Erwärmt man nach Anleitung der Abb. 17 Wasser in einer Flasche, so gehen die erwärmten Wasserteilchen,

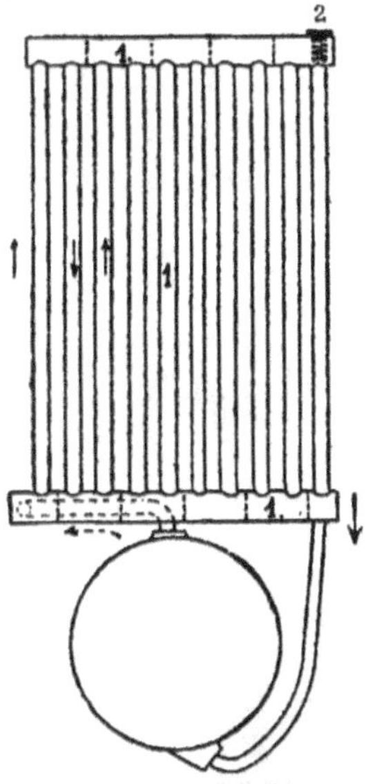

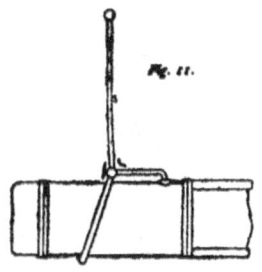

Abb. 16. Der Rückkühler
n. d. Patentschr. vom 29. I. 86.

Abb. 16a.
Kühlung des Arbeitszylinders
(n. d. Patentschr. vom 29. I. 86).

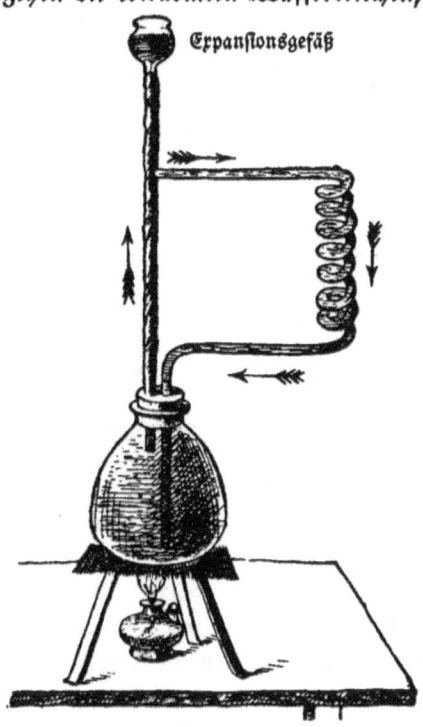

Abb. 17.
Meine Kühleridee, veranschaulicht
durch einen einfachen Versuch.

weil sie spezifisch leichter sind, in dem Steigrohr in die Höhe, sinken aber — oben kühler und schwerer geworden — auf der an-

57

deren Seite wieder zurück nach unten. Farbstoffe, Korkstaub oder Fließpapierstückchen ins „Expansionsgefäß" geworfen, lassen das Kreisen des Wassers sehr schön erkennen. Und darauf kommt es an, auf das Kreisen. Denn dadurch, daß das Wasser von irgendeiner Erwärmungsstelle (also z. B. auch vom Motor) aus sich nach oben in Bewegung setzt, einen Kreislauf macht und

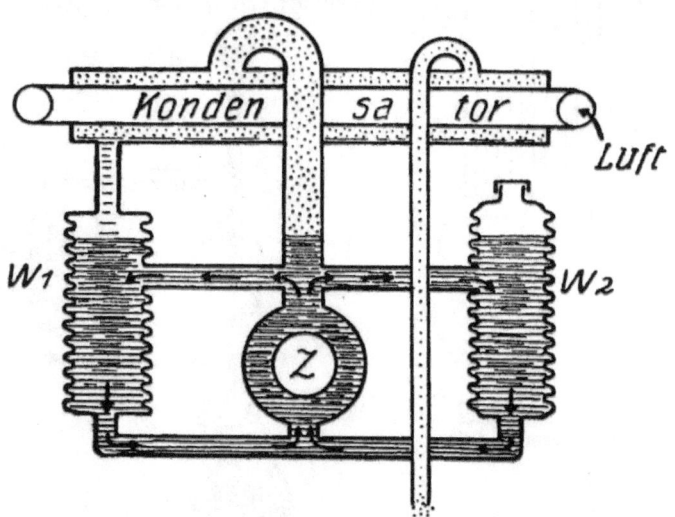

Abb. 18. Rückkühler mit selbsttätigem Wasserumlauf (Z = Zylinder).

als abgekühltes Wasser wieder zur Erwärmungsstelle zurückkehrt, kann man mit verhältnismäßig kleinen, immer wieder kreisenden Wassermengen bei der Kühlung auskommen. In welcher Vollkommenheit die Idee des selbsttätigen Wasserumlaufs im Verein mit der Idee der Rückkühlung schon an den Wagen der ältesten Automobilepoche durchgeführt wurde, vermag die Abb. 18 wohl ohne nähere Erklärung zu verdeutlichen. Der Zweck dieser ersten Rückkühler mit selbsttätigem Wasserumlauf ist immer derselbe. Er heißt: Wasser sparen! —

Das Problem der Kraftübertragung

"Motor gewonnen, alles gewonnen." Weit gefehlt! Es schien nur so. In dieser Allgemeinheit kann sich der obige Satz (S. 44) im Hinblick auf die Gesamtaufgabe der Erfindung nicht halten. Er muß sich eine Korrektur gefallen lassen, nach der einschränkenden Seite hin: "Motor gewonnen, Kraftquelle gewonnen." Gewiß ist der neue Motor mit seinen Nebenorganen (Zündung, Vergaser, Kühlung) das Herz- und Kernstück des neuen Wagens. Aber es sollte ja nicht nur der Motor laufen, sondern auch der Wagen. So tauchte hinter dem gelösten Problem der Kraftquelle neu das Problem der Kraftübertragung auf. Schwer zu lösen war das nicht, wirst du denken. Ich hatte ja in der Dampflokomotive ein Vorbild von klassischer Berühmtheit. Wer hätte noch nicht die Dampflokomotive bewundert, wenn sie beim Anfahren, die Widerstände der Beharrung überwindend, die Kraft des Kolbens wie mit Titanenarmen direkt überträgt auf die Triebräder. Schade um das Vorbild; aber eine solche direkte Übertragung der Kraft vom Kolben auf die Triebräder war beim Gasmotor schon ausgeschlossen wegen der großen Differenz zwischen der Tourenzahl des Motors und der Umdrehungszahl der Triebräder. Außerdem zeigt der Motor beim Anfahren eine seiner Charakterschwächen. Ihm fehlt die Kraft, sich selbst in Bewegung zu setzen. Im Gegensatz zur Dampfmaschine braucht er fremde Hilfe. Durch Drehen des Schwungrades (heute durch "Ankurbeln" bzw. elektrische Anlasser) muß zunächst das Benzin-Luftgemisch angesaugt (1. Takt) und komprimiert werden (2. Takt). Erst wenn auf diese Weise die Anfangsperioden seiner Tätigkeit künstlich eingeleitet sind, vermag der Motor mit eigener Kraft selbständig "weiterzufahren". Er vermag "weiterzufahren" im wahren Sinne des Wortes — auch mit dem Wagen. Hat er so erst eine bestimmte Umdrehungsgeschwindigkeit erreicht, dann vermag er — die Schwierigkeiten der Beharrung überwindend — auch die Last des „angehängten" Wagens fortzubewegen.

Damit wird der Leser verstehen, was ich in meiner Zeichnung längst vorgesehen hatte und was unbedingt nötig war: Eine neue Art der Kraftübertragung! Es mußte eine besondere Einrichtung vorgesehen sein, die es ermöglichte, den Motor allein, also getrennt vom Antriebsmechanismus des Wagens, laufen zu lassen. Dieses „Leerlaufen" des Motors war nicht nur nötig zu Anfang der Fahrt, sondern auch während der Fahrt. Jede Straßenecke, jedes entgegenkommende Fuhrwerk konnte Verhältnisse bringen, die das sofortige Abschalten des Motors, ohne ihn abzustellen, nötig machten. Die Aufgabe war eben die, den Motor als Arbeiter zwar einzuspannen, aber er durfte sich dabei keine Herrscherrechte anmaßen, durfte mit seiner rohen, ungezügelten Kraft nicht plötzlich zur Gefahr werden für Fahrer und Fußgänger.

Wie löste ich nun das Problem der Kraftübertragung?

Die Lösung muß — sagte ich mir — mindestens zwei Forderungen erfüllen: Die Verbindung des Motors mit dem Wagen durfte 1. nicht fest und starr und 2. nicht direkt sein. So nahe es auch gelegen hätte, die Welle des Motors gleichzeitig zur Achse der Antriebsräder zu machen und damit die Arbeit des Motors starr und direkt zu übertragen auf den Wagen — mit so unbeholfenen Anfangsversuchen wollte ich meine Zeit nicht vergeuden.

Es war oben (S. 46) schon kurz die Rede von der horizontalen Welle A, auf welche die Bewegung des Kolbens bzw. der vertikalen Kurbelwelle durch ein konisches Räderpaar übertragen wird. Diese horizontale Welle spielte nun aber nicht nur als Steuerwelle (vgl. Abb. 23) eine ganz hervorragende Rolle, sondern auch als Vorgelegewelle. Auf ihr saß eine breite Riemenscheibe B. Durch gekreuzte Lederriemen stand die Riemenscheibe B ihrerseits wieder in Verbindung mit der Riemenscheibe einer zweiten Vorgelegewelle. Abb. 22 zeigt deutlich diese Riemenscheibe im vorderen Teil des Wagens. Von der zweiten Vorgelegewelle selbst sehen wir wenigstens das eine Ende, ein Kettenrädchen, das mit Hilfe einer Übersetzungskette die Kraft weiterleitet auf ein größeres, mit dem Hinterrad festverbundenes Kettenrad. Wie beim heutigen „Kettenwagen", übertrug ich also schon bei meinem ersten Benzinwagen die Kraft von der Vorgelegewelle aus auf die Hinterräder, indem ich die kleinen Kettenräder auf den beiden Achsenden der Welle durch Ketten mit den auf den Hinterrädern festgemachten Kettenrädern verband. Die Wagenradachse selbst blieb fest und spielte nur die Rolle des umkreisten Trägers.

Jetzt ist es nicht mehr schwer, an der Hand der Abb. 19, 20, 22/23 und 27 das ganze Getriebe zu überschauen:

Geht der Kolben im Arbeitszylinder hin und her, so wird seine Bewegung durch die senkrechte Kurbelwelle mit Hilfe der Kegelräder auf die erste Vorgelegewelle mit der Scheibe B übertragen, von B aus mittels Riemen auf die feste Scheibe 15 bzw. auf die Achsen 13 und 14 und schließlich durch Ketten auf die Antriebsräder. Der Wagen fährt — und zwar mit einer Geschwindigkeit, wie sie den angebrachten und vorgesehenen Übersetzungen entspricht.

Erstes Unterproblem der Kraftübertragung: Das „Leerlaufen" des Motors

Wie löste ich nun die Unteraufgabe, den Wagen stehen und den Motor laufen zu lassen? Ganz einfach (vgl. Abb. 27 und

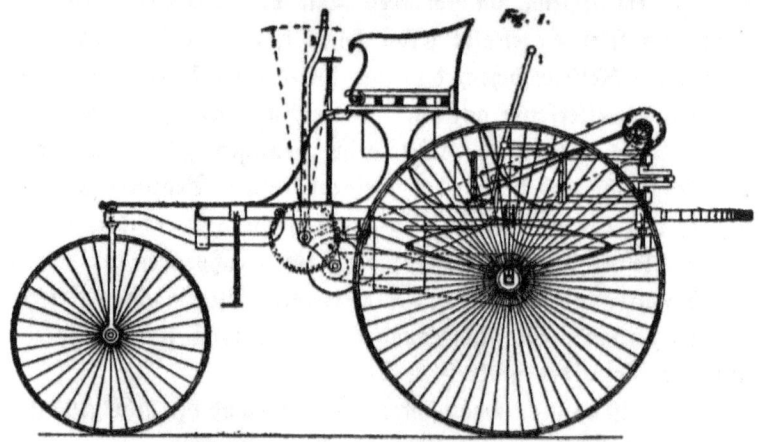

Abb. 19. Fig. 1 der Patentschrift vom 29. I. 86, verkleinert.

Abb. 20). Neben der Festscheibe 15 saß die Scheibe 16, aber nur lose auf der Achse 14. Wenn diese Losscheibe sich drehte, ging die Welle 14 nicht mit. Sie drehte sich einfach um die Welle wie ein Wagenrad um seine Achse. Wollte man also beim Anhalten den Motor abschalten vom Getriebe, so war nur nötig, den Handhebel 9 von seiner vorderen Stellung „auf Mitte" zurückzuschalten (vgl. auch Abb. 19). „Die Ausrückstange 10, welche beiderseits so gelagert ist, daß sie sich nur horizontal hin- und herschieben läßt", schiebt dann mit Hilfe des Mitnehmers 20 (vgl. auch Abb. 27) den Riemen auf die Losscheibe 16 hinüber. Der Motor läuft leer.

Bei kurzen Fahrtunterbrechungen, wie z. B. bei Einkäufen,

Besuchen usw., war man also gar nicht gezwungen, den Motor außer Tätigkeit zu setzen. Das hatte für den Lenker den Vorteil, daß er wieder weiterfahren konnte, ohne erst das lästige Anlassen des Motors vornehmen zu müssen. Dauerte aber die Fahrtunterbrechung längere Zeit und hatte man den Motor auch abgestellt, dann waren für ein neues Anlassen des Motors

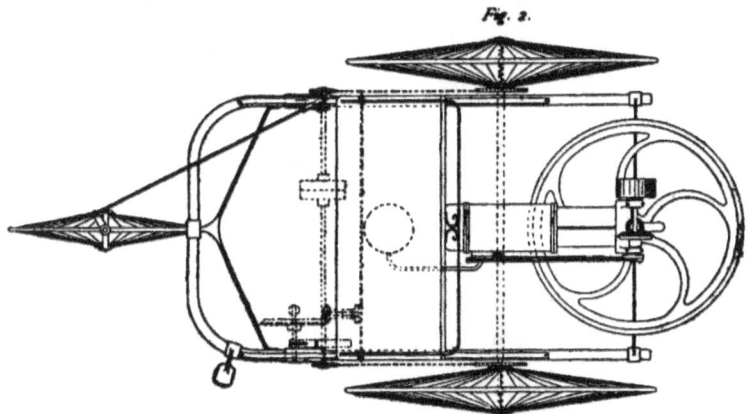

Abb. 20. Fig. 2 der Patentschrift vom 29. I. 86, verkleinert.

in unbelastetem Zustande alle Vorbedingungen von der letzten Fahrt her gegeben: Der Riemen lag noch auf der Losscheibe.

Drückte man den Handhebel 9 über die Mitte hinaus nach rückwärts, so betätigte er die „Vorgelegebremse", eine Bandbremse. Mit der Festscheibe 15 war nämlich noch eine Metallscheibe 17 zusammengegossen, die durch Zusammenziehen eines herumgeschlungenen Stahlbandes gebremst werden konnte (vgl. Abb. 27).

Zweites Unterproblem der Kraftübertragung: Das Kurvennehmen

Das Kurvennehmen ein Problem? Da ist doch kein besonderes Problem zu lösen nötig, wirst du denken. Man fährt einfach die Straßenbiegung herum, genau wie das Pferdefuhrwerk auch! — Nein, so einfach geht die Sache nicht. Beim Pferdefuhrwerk freilich bieten Straßenbiegungen für gewöhnlich keine Schwierigkeiten. Wie beim Kommando: „In Sek-

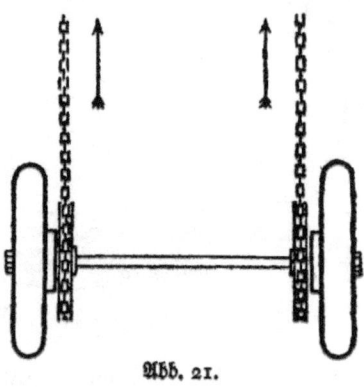

Abb. 21.

tionen rechts geschwenkt" der schwenkende Führer im Vergleich zum inneren Führer einen großen Weg zurückzulegen hat, so muß bei Straßenkrümmungen nach rechts das linke Rad sich mit weit größerer Geschwindigkeit bewegen als das innere. Diese verschiedene Geschwindigkeit der beiden Räder auf ein und derselben Achse ist beim Pferdefuhrwerk möglich, weil jedes Rad sich selbständig und unabhängig vom anderen drehen und dem Zug der Deichsel folgen kann. Ganz anders war das aber beim Benzinwagen. Hier wirken die Ketten auf beiden Seiten mit derselben Antriebskraft auf die Hinterräder; diese

Abb. 22. Mein erster Wagen, aufgenommen 1885 nach einer gelungenen Fahrt auf dem Ring in Mannheim

Abb. 23. Rückansicht des ersten Wagens
D = Wasserbehälter   M = Gemischschieber   G = Benzinbehälter
F = Kasten für Bunsenelemente   B = Riemenscheibe

Abb. 24. Am Steuer des ersten Benz-Motorboots
Mannheimer Hafen
(Vgl. das Zitat S. 70/71 aus der Patentschrift Nr. 37 435 vom 29. 1. 86)

drehen sich daher immer gleich schnell, gleichgültig, ob die Straße eine gerade oder eine krumme Richtung hat.

Solange nicht alle Straßen der Welt gerade sind, solange sie sich krümmen und wenden, wäre ein Kraftwagen, wie wir ihn bis dahin kennen gelernt haben, ein Verlegenheitswagen von einer Straßenecke zur anderen. Alles bisherige schöpferische

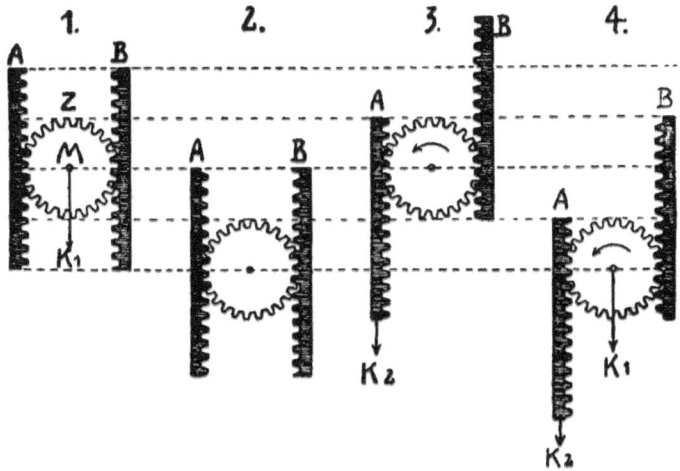

Abb. 25. Vorstudien für die Wirkung des Differentials.

Schaffen wäre streng genommen umsonst gewesen, wenn es nicht gelungen wäre, den Wagen straßenreif zu machen — auch für Krümmungen. Denn niemand wird einen Motorwagen, der nur in gerader Richtung fahren kann, als Verwirklichung des automobilen Erfindungsgedankens anerkennen wollen. Mein Bestreben lief daher von Anfang an darauf hinaus, die beiden Antriebsräder unabhängig voneinander zu machen, so zwar, daß jedes zum „schwenkenden" werden konnte, während das andere in der Kurve sich verlangsamte, stillstand oder gar rückwärts ging. Zu diesem Zwecke baute ich schon in diesen ersten Benzinwagen ein **Ausgleichsgetriebe** oder **Differential**, wie es heute noch zum „eisernen Bestand" jedes Automobils gehört.

Ein Differential! Was ist denn das?

Das ist rascher gefragt als erklärt und beantwortet. Zum leichteren Verständnis mögen einige kleine Vorstudien vorausgeschickt werden.

Berühren zwei Zahnstangen nach der Abb. 25_1 ein Zahnrad Z, so wird eine im Mittelpunkt M angreifende Kraft K_1

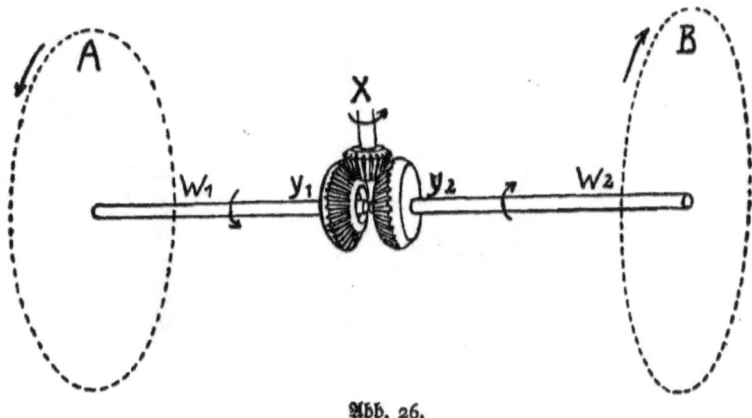

Abb. 26.

keine Drehung der Einzelteile gegeneinander, sondern eine Verschiebung der Gesamtapparatur zur Folge haben (Abb. 25_2). Greift die Kraft K_2 nicht im Mittelpunkt, sondern an einer Zahnstange nach unten an (Abb. 25_3), so dreht sich das Zahnrad und schiebt dabei die andere Zahnstange B nach oben. Wirken beide Kräfte K_1 und K_2 gleichzeitig, so erfährt das Zahnrad sowohl eine Verschiebung als eine Drehung (Abb. 25_4).

Denken wir uns nun an die Stelle des ebenen Zahnrades Z das Kegelzahnrad X und an Stelle der zwei Zahnstangen ebenfalls zwei Kegelräder Y_1, Y_2 (Abb. 26). Fasse ich das obere Ende des Kegelrades X mit der Hand an und suche die Gesamtapparatur um die Welle $W_1 W_2$ zu drehen, so werden die beiden Zahnräder $Y_1 Y_2$ einfach mitgenommen, ohne daß sie unter sich ihre gegenseitige Lage ändern. Wir haben den ersten Fall von vorhin. In Wirklichkeit wird natürlich nicht mit der Hand angefaßt. Ich baute vielmehr das Kegelrad X ein in die Festscheibe 15 (Abb. 27). Dadurch, daß der Riemen die Festscheibe drehte, wurde die Gesamtapparatur der Kegelräder mitgenommen und damit auch die ganze Vorgelegewelle bzw. die Hinterräder.

Was hat aber dann das ganze Differentialgetriebe für einen Zweck? Dieselbe Wirkung hätte man doch auch erzielen können, wenn die „Festscheibe" direkt auf der Vorgelegewelle festgemacht worden wäre. Gewiß! Aber das Differential wirkt nur in dieser Weise bei gerader Fahrt; bei Fahrt in Krümmungen zeigt sich die Unentbehrlichkeit des Differentials in um so grellerem Lichte.

Angenommen, es kommt auf der Fahrt auf einmal eine Krümmung nach links. Dann wird zwar das Kegelrädchen X, mitgenommen von der Riemenscheibe, genau noch um die Welle $W_1 W_2$ kreisen wie vorher. Zu dieser Rotation um die Welle kommt nun aber noch eine besondere Drehung um seine eigene Achse. Denn jetzt, wo die Kurve nach links genommen werden soll, stößt das innere Rad auf einmal auf Widerstand. Diese Widerstandskraft sucht das Rad A und damit auch das Kegelrad Y_1 nach rückwärts zu drehen. Da Y_1 den Impuls weitergibt an das Zwischenrad X, dreht sich dieses nicht nur um seine eigene Achse (vgl. Pfeilrichtung in Abb. 26), sondern bewirkt auch eine Drehung von Y_2 in entgegengesetzter Richtung, also nach vorwärts. Die Geschwindigkeit des Rades B wird daher infolge dieses neuen Impulses im selben Maße zunehmen, wie die des Rades A abnimmt. Damit aber ist unser Problem gelöst: Die beiden Antriebsräder erhalten durch Vermittlung des Differentials zwei verschiedene Geschwindigkeiten so zwar, daß die Geschwindigkeit des „schwenkenden" Rades um so größer wird, je weiter der von ihm zurückzulegende Weg ist.

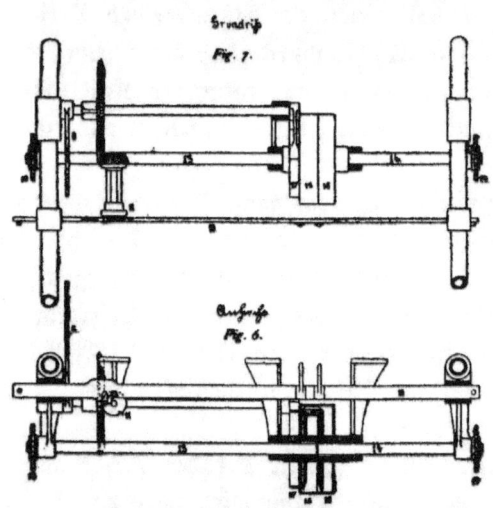

Abb. 27. Die Kraftübertragung.
Stark verkleinerte Wiedergabe nach der Patentschrift vom 29. I. 86.

15 = Festscheibe mit Differential.
16 = Losscheibe für Leerlauf.
17 = Bremsscheibe.

Für so wichtig und unentbehrlich hielt ich das Differential, daß ich dasselbe zu allererst zeichnete, mindestens 10 Jahre früher als ich die Lösung des Gesamtproblems und damit den Bau des Motorwagens in Angriff nahm.

Die ersten Fahrten
Im Fabrikhofe

So war denn das Jahr 1884/85 zum Geburtsjahr des Motorwagens geworden. Schon im Frühling 1885 hatte mein Lebenstraum, wie durch die Gnade einer großen Stunde, greifbare Form und lebensfähige Gestalt angenommen. Herausgehoben aus der Welt des Gedankens und hineingestellt in die Welt der Wirklichkeit, stand das jüngste Kind der Technik eines schönen Tages im Fabrikhofe.

Um den Neuling herum stehen Frau, Kinder und Arbeiter. Mitten unter allen aber steht der, den die Arbeiter unter sich ihren „Papa" nannten. Aller Augen leuchten! Stolz ist jedes — vom jüngsten Kinde angefangen bis zum ältesten Arbeiter. Und gespannt erst recht, fast so, als ob im nächsten Augenblick der größte Theatervorhang der Welt in die Höhe gehen müßte.

Durch Andrehen des Schwungrades probiere ich dem Kinde Leben einzuhauchen. Kaum zum Leben erwacht, suchte es sich knatternd und ratternd bemerkbar zu machen. Sofort nahm es der überglückliche Vater an die Hand, um die ersten „Gehversuche" mit ihm vorzunehmen. Und siehe da! Es ging! Manchmal wollte es nicht folgen, wollte streiken oder gar anrennen gegen die Hofmauer. Aber so sehr es gelegentlich auch mit dem Kopfe durch die Wand wollte, der Vater hatte seine Erziehungsmaximen. Erst eine gediegene Kinderstubenerziehung, sagte er sich. Dann hinaus in die Welt weiter draußen! Es war gut, daß der Vater nicht nur die Rolle des Erziehers, sondern auch die des Arztes übernehmen konnte. Denn der junge Springinsfeld litt noch an allerlei Kinderkrankheiten. Operative Eingriffe mußten gemacht werden, bald an Haupt-, bald an Nebenorganen. Dann durfte der Junge auf die Straße.

Auf der Straße

Töff, töff, töff! Ein neuer Gruß einer neuen Zeit. Ein erster Hornruf jener Zeitepoche, wo der Motor seine Herrschaft antritt zu Lande, dann zu Wasser und schließlich in der Luft. Die Welt horcht auf! Die Menschen bleiben auf der Straße stehen, staunen und schauen. Wie, geht's mit rechten Dingen zu? Ein Wagen ohne Pferde, rennend und rollend? Wie ein Wunder pufft der Wagen die Straßen entlang. Stolz wie ein König steuert der Lenker. Stolz wie ein König grüßt er vom Sitze herunter zu den staunenden Menschen.

Auf einmal aber kommt das Verhängnis — in Gestalt der ersten „Panne". Langsamer geht der Wagen, und jetzt? Richtig, regungslos bleibt er stehen. Der Lenker steigt ab, kniet nieder, bastelt und flickt. Die Menschen sammeln sich an, lächeln und lachen. Das Staunen und Bewundern schlägt um in Mitleid, Spott und Hohn. Wie hier beim ersten Male, so entspann sich bei jedem Steckenbleiben in der Stadt oder später draußen in den Dörfern eine Debatte vernichtendster Kritik. „Eine Spielerei, die nichts ist und nichts wird", meinten die einen. „Wie kann man sich in so einen unzuverlässigen, armseligen, lautlärmenden Maschinenkasten setzen, wo es doch genug Pferde gibt auf der Welt und die elegantesten Kutschen und Droschken obendrein", sagten die anderen. „Schade um den Mann," meinten die „Sachverständigeren", „er wird sich und sein Geschäft ruinieren mit dieser verrückten Idee." Und ein treuherziger Berliner gab mir den wohlgemeinten Rat: „Wenn ich einen solchen Stinkkasten hätte, würde ich zu Hause bleiben."

Das war die Antwort der Öffentlichkeit auf all das stille Ringen und eiserne Schaffen von Jahrzehnten, auf die herangereifte Lösung einer tief empfundenen Lebensaufgabe — eine glatte Verneinung. Mochten aber auch alle verneinen und ablehnen, ich blieb fest. Den mutigen Glauben an die Zukunft vermochte mir keiner zu rauben. Es gab auf der Welt nur einen Menschen, der ebenso mutig glaubte und hoffte wie ich — meine Frau. Das Haus meiner Träume hatte sie mir bis dahin stets festlich erhellt. Jetzt, wo der Traum Wahrheit und Wirklichkeit geworden war, setzte sie sich auf den ersten Fahrten neben mich — als treue Helferin. Sie war nötig beim Fortfahren des Wagens, zum Ingangsetzen des Motors und manchmal noch nötiger zum Heimfahren, das anfänglich gern in ein „Heimschieben" ausartete. Es war, als ob der Wagen bei jeder neuen Ausfahrt dem Erfinder ein neues Schnippchen schlagen wollte. Aber der ließ nicht mit sich spaßen. Wo immer ein tückischer Fehler sein Unwesen trieb, ich ruhte nicht, bis er entdeckt und ausgemerzt war. Mehr und mehr häuften sich die Fälle, wo auch die Rückfahrt in automobiler Weise erfolgte, d. h. ohne Mithilfe von schiebenden Menschen oder ziehenden Pferden und Kühen. Gleichzeitig war aus 100 Meter Fahrstrecke ein Kilometer und mehr geworden. Bei jeder Ausfahrt wurde der Erfahrungskoeffizient scharf aufs Korn genommen. Jede Ausfahrt war nichts anderes als eine Prüfungsfahrt, die neuen Gewinn, neue Verbesserungen und Fortschritte brachte.

So war ich gegen Ende des Jahres 1885 zu der Überzeugung gekommen, daß mein Wagen mehr sei als eine bloße Versuchskonstruktion, ohne praktische Verwendungsmöglichkeit und ohne wirtschaftlichen Zukunftswert. Jetzt hielt ich die Zeit für gekommen, eine Patentschrift und Patentzeichnung zu entwerfen und einzureichen. Die Patentschrift ist überschrieben: „Fahrzeug mit Gasmotorenbetrieb" und beginnt mit den Worten: „Vorliegende Konstruktion bezweckt den Betrieb hauptsächlich leichter Fuhrwerke und kleiner

Schiffe, wie solche zur Beförderung von ein bis vier Personen verwendet werden." Der 29. Januar 1886 ist der Tag, an dem meine Erfindung patentrechtlich geschützt wird. Dieses erste Patent auf einen fertiggestellten und praktisch brauchbaren Motorwagen zur Beförderung mehrerer Personen ist zum Geburtsschein des neuzeitlichen Motorwagens geworden (D.R.P. Nr. 37435).

Die ersten Zeitungsberichte

Hatte ich meine Versuchsfahrten bis dahin mit besonderer Vorliebe weitab von der Stadt vorgenommen — auf dem Fabrikgelände oder draußen auf dem alten, einsamen Wall (Ringstraße), der damals noch um die Stadt Mannheim sich herumzog und fast gar nicht begangen war —, so scheute ich vom Frühjahr 1886 ab die Menschen und ihre Kritik nicht mehr. Jetzt ist mir Dämmerung und Dunkelheit nicht mehr die liebste Zeit zum Üben und Proben. Jetzt tauchte ich auch mit meinem Wagen auf Straßen und Plätzen der Stadt auf, selbst da, wo sie am verkehrsreichsten sind.

So wird der neue Wagen in der breiteren Öffentlichkeit rasch bekannt. Es kommen die ersten Zeitungsnotizen. In einer derselben heißt es (Neue Badische Landeszeitung vom 4. Juni 1886):

Für Velocipedsportfreunde dürfte es von hohem Interesse sein, zu erfahren, daß ein großer Fortschritt auf diesem Gebiete durch eine neue Erfindung, welche von der hiesigen Firma „Benz & Co." gemacht, zu verzeichnen ist. Gegenwärtig wird in genanntem Geschäft, welches sich übrigens auch durch die Fabrikation von Gasmotoren mit neuer patentierter Zündvorrichtung bereits einen geachteten Namen und großen Wirkungskreis verschafft hat, ein dreirädriges Velociped, welches durch einen Motor, der in der Konstruktion den Gasmotoren gleichkommt, getrieben wird, gebaut. Der Motor, dessen Zylinderweite 9 cm beträgt und zwischen den beiden hinteren Laufrädern auf Federn über der Radachse plaziert ist, repräsentiert trotz seiner Zierlichkeit annähernd eine Pferdekraft und macht 300 Touren in der Minute, wodurch die Geschwindigkeit des Fahrzeuges bis zu der eines gewöhnlichen Personenzuges gesteigert werden kann. Über dem Motor, der durch eine Gasart, dem Ligroin, welches in einem Reservoir enthalten ist und für längere Zeit reicht, getrieben wird, befindet sich der ebenfalls auf doppelten Federn angebrachte Sitz für 2 Personen, vor dem=

selben der Lenk- und Bremshebel. Durch einen andern Hebel wird das Fahrzeug nach Belieben in Bewegung gesetzt oder angehalten, indem derselbe den Riemen, welcher die bewegende Kraft des Motors den Laufrädern mitteilt, auf die lose oder feste Riemenscheibe leitet. Das ganze Gefährt ist nicht viel größer wie ein gewöhnliches Tricycle und macht einen sehr gefälligen und eleganten Eindruck. Es ist nicht zu bezweifeln, daß dieses Motoren-Velociped sich bald zahlreiche Freunde erwerben wird, da es sich voraussichtlich für Ärzte, Reisende und Sportsfreunde usw. als äußerst praktisch und brauchbar erweisen wird.

Neue Badische Landeszeitung vom 3. Juli 1886 Nr. 326:

„Ein mittels Ligroingas zu treibendes Velozipeb, welches in der Rheinischen Gasmotorenfabrik von Benz & Co. konstruiert wurde und worüber wir schon an dieser Stelle berichteten, wurde heute früh auf der Ringstraße probiert und soll die Probe zufriedenstellend ausgefallen sein."

Täglich kann man fortan den Wagen fahren sehen von der alten Fabrik hinüber über den Neckar zum Neubau in der Waldhofstraße. Hier wird der Wagenmotor gleichzeitig als Arbeitsmotor in den Dienst gespannt: Er muß Wasser in das Gasometerbassin pumpen.

Aber nicht nur in der Stadt, auch draußen auf dem Lande hatten jetzt die Leute Gelegenheit, den ersten betriebsfähigen Kraftwagen kennen zu lernen. Mit einer Geschwindigkeit von zehn bis sechzehn Kilometern machte er gar häufig seine „Tourenfahrten" von Ort zu Ort in der Mannheimer Umgebung.

Bald war er in seinem Heim — der Ur-„Autogarage" — nicht mehr allein. Mehrere neuentstandene Modellwagen des Jahres 1886 traten wetteifernd neben ihn und leiteten damit eine neue Zeit ein, die Zeit der fabrikationsweisen Herstellung und der wirtschaftlichen Auswertung. Unterm 5. September 1886 gibt der „Generalanzeiger der Stadt Mannheim" in einem längeren Artikel nach dieser Richtung folgenden beachtenswerten Fingerzeig:

„Straßenwagen mit Gasmotorenbetrieb. Wir haben schon früher mitgeteilt, daß Herr C. Benz, Mitinhaber der Rheinischen Gasmotorenfabrik Benz & Cie. und Erfinder der Gasmotoren mit elektrischer Zündung, einen Straßenwagen konstruiert hat, der mittels Gasmotor bewegt wird, und sich diese Erfindung patentieren ließ. Wir sahen das erste Vehikel entstehen und sahen es bereits schon vor Monaten im Betrieb. Schon bei dem ersten Versuch wurde uns die Gewißheit, daß durch die Benzsche Erfindung das Problem gelöst sei, mittels elementarer Kraft einen Straßenwagen herzustellen. Jedoch stellten sich, wie dies ja auch nicht anders erwartet werden konnte, noch viele Mängel ein, die durch fortgesetzte Versuche und Verbesserungen abzustellen waren. Diese Arbeit, ebenso schwierig wie die Erfindung selbst, darf nun als abgeschlossen betrachtet werden, und **Herr Benz wird nunmehr mit dem Bau solcher Fuhrwerke, für den praktischen Gebrauch berechnet, beginnen...** Wir glauben, daß dieses Fuhrwerk eine gute Zukunft haben wird, weil dasselbe ohne viele Umstände in Gebrauch gesetzt werden kann und weil es bei möglichster Schnelligkeit das billigste Beförderungsmittel für Geschäftsreisende, eventuell auch für Touristen, werden wird."

Nicht nur Tagesblätter, auch wissenschaftliche Zeitschriften machen jetzt auf die Bedeutung des Benzmotors und der Benzwagen aufmerksam. So schreibt aus dem Berichtsjahr 1886 das Wildermannsche „Jahrbuch der Naturwissenschaften" (Band II S. 137):

„Der Motor von Benz & Co. ist dagegen nicht bloß für Schiffe, sondern auch für Wagen und speziell Fahrräder (Velozipede) berechnet. Getrieben wird der Kolben durch die Explosion eines Gemenges von Luft und Ligroingas, welches in einem mitgeführten Apparat nahezu selbsttätig, also ohne besondere Beaufsichtigung seitens des Fahrers, erzeugt wird."

Das Ringen um des Wagens Zukunft

Dank der vielseitigen Erfahrungen, die ich schon seit den siebziger Jahren im Gasmotorenbau — insbesondere beim Bau meiner Zweitaktmotoren — gesammelt hatte, war die Frucht meines Erfindungsgedankens rasch ausgereift. Immer noch stand naturgemäß der Bau von ortsfesten Gasmotoren im Brennpunkt des geschäftlichen Unternehmens. Dem Motorwagen wurden die Stunden des Sonntags geweiht, die Frühstunden des Tages vor Geschäftsbeginn oder die Feierabendstunden.

Aus der Umgebung Mannheims hatte ich mir zwei Dreiecke aus drei Straßenzügen herausgewählt. Lange Zeit wurden regelmäßig diese Straßendreiecke von 10—11 Uhr nachts umfahren, das eine Mal „das große Dreieck" (Fabrik-Waldhof-Sandhofen-Käfertal und zurück), das andere Mal das kleine Dreieck (Fabrik-Waldhofstraße-Waldhof-Käfertal-Mannheim). Die Kinder machten sich natürlich ein großes Vergnügen aus diesen dreieckigen Nachtfahrten. Nur bei Sturm und Regen wollten sie manchmal für das Vergnügen danken. Aber gerade Sturm und Unwetter sollten ja die Kinder wie der Wagen ertragen lernen.

So war ich denn mit fiebernder Ungeduld von der ersten Stufe jeder Erfindung: Vom Ersinnen, Durchdenken, Zeichnen und Berechnen aufgestiegen zur zweiten Stufe, zur praktischen Ausführung und Verwirklichung, zur Tat! Jetzt, wo ich mich auf der Höhe wähnte, auf der Höhe des Erfinderglücks, merkte ich, daß ich unten stand, ganz unten und wie ein Bettler anklopfen mußte vor den Türen der Menschheit und ihrer Kultur. Groß und grau trat jetzt eine Sorge vor mich hin, gegen die alle bisherigen Erfindersorgen nichts waren als kleine Schülersorgen. Jetzt galt's, den Kampf gegen das Lächeln und Lachen der spöttelnden Menschen aufzunehmen. Es galt, sich und seine Erfindung durchzusetzen — trotz aller Verneinung und Ablehnung. Aus dem grübelnden Erfinder mußte der kulturelle Eroberer, aus dem Ringen mit Problemen das Ringen um des Wagens Zukunft werden. Das war die dritte und letzte Stufe der Erfindung, jene gefährliche Stufe, über der schon so mancher große Erfinder nach Überwindung der ersten und zweiten Stufe verzweifelnd zusammengebrochen ist, zusammengebrochen, weil die Menschheit dem unberufenen Wohltäter statt des Lohnes — das Hungertuch reichte. Davor — vor dem Hungertuche — brauchte ich freilich keine Angst zu haben. Dafür sorgten ja meine begehrten ortsfesten Zweitaktmotoren. Daß aber die Überwindung dieser dritten Erfindungsstufe die ganze Beharrlichkeit und Zähigkeit einer ungewöhnlichen Charakterstärke voraussetzt, das bekam ich zu fühlen auf Schritt und Tritt. Selbst die deutsche Fachwelt erkannte — zum Unterschied von der französischen — lange Zeit nicht das fundamental Bedeutsame, Umgestaltende meiner Erfindung für das Verkehrs- und Wirtschaftsleben. Wie trüb die Zukunftsaussichten des jungen ratternden Lebenskandidaten noch einige Jahre später beurteilt wurden, dafür nur ein Beispiel. Vor mir liegt das Herdersche „Jahrbuch der Naturwissenschaften", herausgegeben von Dr. M. Wildermann 1888/89. Darin beschreibt Dr. G. van Muyden, Bibliothekar des Kaiserlichen Patentamtes zu Berlin, die von mir gebauten Motorboote und fährt dann wörtlich fort: „Auch hat Benz einen Benzinwagen gebaut, welcher auf der Münchener Ausstellung Aufsehen erregte. Diese Anwendung der Benzinmaschine dürfte indessen ebensowenig zukunftsreich sein, wie die des Dampfes auf die Fortbewegung von Straßenfuhrwerken."

Derlei sachverständige Urteile vermochten meinen Glauben nicht in Fesseln zu legen. Unbeugsam und zäh suchte ich meine ursprüngliche Idee durch alle Stadien ihrer Entwicklung durchzukämpfen bis ans Ziel.

Um dem neuen Motorwagen den Weg zu bahnen hinaus und hinein in die reale Welt, nahm ich zunächst Patente, außer in Deutschland auch in allen Industriestaaten des Auslandes. Rastlos und unaufhaltsam arbeitete ich sodann an der Weiterentwicklung meines Wagens. Mängel, die der erste Wagen begreiflicherweise noch aufwies, wurden getilgt. Verbesserungen und Vervollkommnungen sprießen auf in drängender Fülle. Bald zeigen die neuen Modellwagen Holzreifen, bald Eisenreifen. Bald haben nur die Triebräder Eisenreifen, während das Vorderrad im Interesse der Lenkbarkeit auf glattem Pflaster oder gefrorenem Boden einen Vollgummireifen erhält. Um größere Steigungen überwinden und größere Geschwindigkeiten erzielen zu können, wurde ein stärkerer Motor (3 PS.) eingebaut.

Am 8. April 1887 erhielt ich ein Patent auf „die Anordnung (Abb. 28) der im Innern der Riemenscheibe R angebrachten Stirnräder Z Z' Z'' Z''' und des Mitnehmers M, um durch eine kleine Bewegung am Steuerhebel b das Fahrzeug sofort aus einer raschen Gangart in eine langsamere oder umgekehrt versetzen zu können, zweitens Verwendung der vorhandenen Kraft des Motors zum Überwinden großer Steigungen."

Wir sehen, das Wesentliche der patentierten neuen Getriebskonstruktion ist ein Planetengetriebe, auch Epizykloidengetriebe genannt.

Beim langsamen Gang hält der Mitnehmer M das Zahnrädchen Z'' fest, während die Klauenkuppelung K die Welle a mit dem

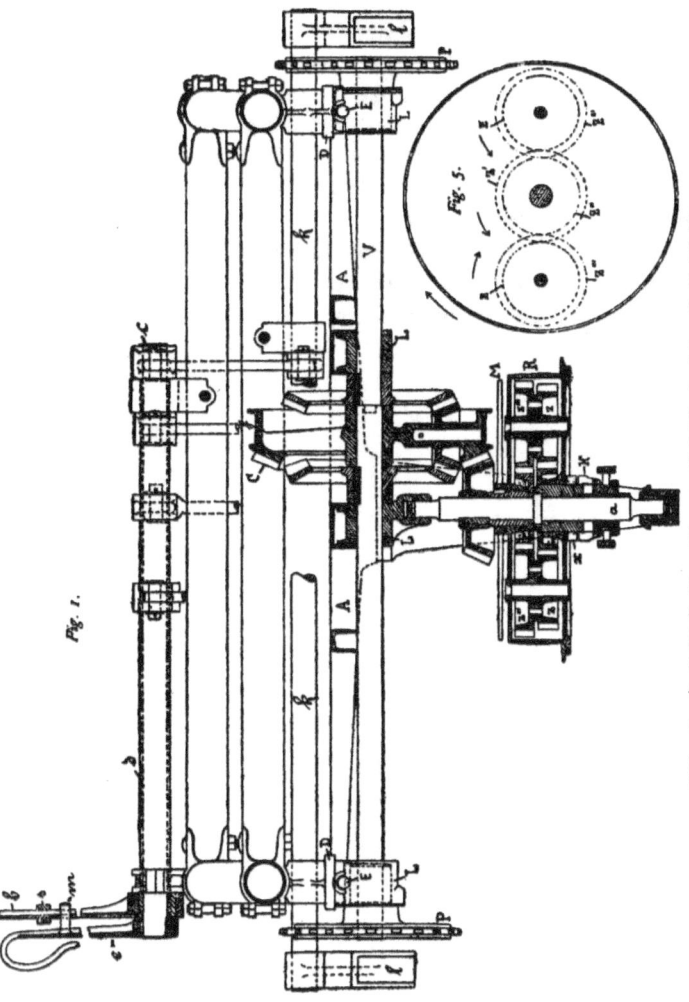

Abb. 28. Das älteste Benz-Planeten-Getriebe (aus der Patentschrift).

R = Riemenscheibe, Z Z' Z'' Z''' = Stirnräder, M = Mitnehmer, K = Kupplung, f = Bandbremse.
(Weitere Einzelheiten der Kraftübertragung und Bremsung vgl. Patentschrift Nr. 43742 und Nr. 43826 vom 8. April 1887.)

Zahnrad Z' verbindet. Wie Planeten (daher „Planetengetriebe") drehen sich die zusammengenieteten Zahnräderpaare Z und Z''' beim Umlauf der Riemenscheibe: 1. um den eigenen Mittelpunkt (Bolzen) und 2. um die Achse a. Da Z''' größer als Z'' ist, macht Z''' und damit auch Z bei einem Umlauf der Riemenscheibe keine ganze Umdrehung. Indem Z in das größere Zahnrad Z' eingreift, wird Z' und damit a sich wieder etwas langsamer drehen als Z. Es findet also wiederholt eine Verminderung der Geschwindigkeit statt. Wird dagegen der Mitnehmer M freigegeben und die Riemenscheibe R direkt durch die höher hinaufgeschobene Kupplung K mit der Achse a verbunden, so fährt der Wagen mit der großen Geschwindigkeit.

Je nach der Stellung des Steuerhebels b war es also möglich: 1. Riemenscheibe und Motor leerlaufen zu lassen, 2. die Kraft unter Zwischenschaltung des Planetengetriebes auf das Differentialgetriebe und 3. die Kraft unmittelbar auf das Differentialgetriebe zu übertragen.

Abb. 29. Wagen von 1887
Neben mir (rechts) mein Teilhaber Herr Max Rose

Abb. 30. Wagen von 1888
Neben mir Herr Kaufmann Josef Brecht

Abb. 31. Benz-Vis-à-vis 1892
Am Steuer mein Teilhaber Herr Julius Ganß

Abb. 32. Die erste Automobilfahrerin auf Benz-Velo 1893

Der neue Wagen vor der Polizeischranke

Beim Fahren ist mir nie ein Unglück passiert, mein Leben lang. Ich habe nie die Vorsicht auf meinem Wagen und die Rücksicht auf meine Mitmenschen außer acht gelassen. Die vielen Chauffeure, die durch meine Schule gingen, wissen davon ein Liedlein zu singen. Wen immer ich am Schnellfahren ertappte, der mußte zur Strafe wieder 14 Tage am Schraubstock arbeiten.

Ich war daher sehr überrascht, als ich vom Bezirksamt Mannheim schon in den ersten Erfinderjahren eine Vorladung bekam. Die hatten mir meine Fahrer eingebrockt. Sie machten sich nämlich ein besonderes Vergnügen daraus, in schneidigstem Tempo an Polizisten vorüberzusausen. Die Folge war eine polizeiliche Anzeige beim Bezirksamt, auf Grund deren man mich vor das Forum zitierte.

„Überhaupt," sagte der Amtmann Bierbaum, „wissen Sie nicht, daß das Fahren mit elementarer Kraft nach einem Landtagsbeschluß bei uns in Baden verboten ist?"

Das war nun freilich für einen, der mit dem Motorwagen Zukunft und Welt erstürmen will, ein Weghindernis von der Anmut des Drahtverhaus. Sofort ging ich daran, mit allen Waffen Ciceros gegen dieses Drahtverhau anzukämpfen. Und siehe da, der Mann an der Schranke ließ sich durch Vernunftgründe überzeugen, zog die Barriere hoch und gab den Amtsbezirk Mannheim zur Durchfahrt frei. Darüber hinaus aber mußte ich die Genehmigung des Ministeriums einholen. Die Genehmigung kam, aber sie hätte sich in praxi auswirken müssen wie eine Nichtgenehmigung. Sechs Kilometer Fahrgeschwindigkeit innerhalb und zwölf Kilometer außerhalb der Stadt!

Da dieses Salomonische Urteil naturgemäß durch keinerlei

Sachkenntnis getrübt war, versuchte ich noch einmal mit den Waffen der Vernunftgründe zu fechten. Ich lud die Herren zu mir nach Mannheim ein, um sie von der Betriebssicherheit und Ungefährlichkeit meiner Wagen überzeugen zu können. Richtig, sie nahmen an und teilten mir den Zug mit, mit dem sie in Mannheim einzutreffen gedachten. Fahrmeister Tum gab ich den Auftrag, die Herren an der Bahn mit der „Benzinchaise" abzuholen. Selbstverständlich schärfte ich ihm ein, mit den „gefährlichen" Herren keinesfalls schneller als sechs Kilometer pro Stunde zu fahren.

Die Herren kamen an, stiegen ein und freuten sich zunächst wie die Schneekönige über das behaglich-langsame Dahinfahren des pferdelosen Wagens. Mit der Zeit kommt ihnen das Tumsche Tempo doch etwas langweilig vor. Und als gar ein Milchfuhrmann mit seinem abgerackerten Gaul Miene macht, den Kraftwagen zu überholen, ruft einer der Ministerialräte dem guten Tum zu: „He, Sie! Können Sie denn nicht schneller fahren?" „Können tu ich's schon," sagte der Mann am Steuer, „aber ich darf nicht, es ist polizeilich verboten." „Ei, was, fahren Sie mal zu, sonst fährt uns ja jede Milchkutsch vor."

Damit wurde der Bann gebrochen und die Freizügigkeit des Motorwagens war in der Folge weder gebunden an die Grenzsteine des heimischen Amtsbezirks, noch an die engherzigen Geschwindigkeitsvorschriften einer veralteten Kutscherepoche.

Wir fahren in die Welt!

Die erste Fernfahrt

Sie wurde ausgeführt hinter meinem Rücken, also ohne mich. Und das ging so zu. Fahrende Scholaren haben mir den Wagen entführt. Sie waren zu Dreien. Und aufeinander abgestimmt waren sie auch, wie die Saiten einer Zupfgeige. Sie liebten meinen Wagen, wie ich ihn liebte. Aber sie verlangten mehr von ihm als ich. Sie wollten wissen, ob mit dem neuen Wagen eine neue Ära für Landfahrer angebrochen sei, und in welchem Umfang er zum Landfahren und Landstreichen benützt werden könne. Bergauf und bergab sollte der entführte Wagen zeigen, was er konnte und nicht konnte — auf einer Strecke von 180 Kilometern.

Das dreiblätterige Kleeblatt mit dem Landstreicherblut im Herzen setzte sich zusammen aus: Meiner Frau und meinen beiden Buben.

Es war im Sommer 1888. Die Schulen hatten die Tore geschlossen, und der Glanz der Feriensonne vergoldete die Welt. Ferien und Wandern — sie bilden zusammen nur einen Pendelschlag. So tauchte in dem Kopf meiner Buben — Eugen war 15, Richard 13 Jahre alt — die verwegene Idee auf, eine neumodische Ferienreise zu machen und auf dem Benzinwagen hinauszufahren in die Welt. „Aber wir werden Vaters Erlaubnis nie bekommen", klagte Richard tiefbetrübt. „Dann wollen wir uns an die Mutter wenden," entgegnete Eugen, „sie ist wagemutiger als der Vater und wird wohl mit uns gehn." Und richtig, das Komplott kam zustande. Mutter und Söhne verschworen sich gegen den Vater. Mannheim-Pforzheim wurde als „Reiseweg" ausgemacht zum Besuch von Verwandten.

Heimlich rüsteten die Jungen den Wagen, der unbenützt in der Remise stand. Und eines Abends meldeten sie der Mutter: „Der Wagen ist fahrbereit! Morgen kann's losgehen."

Jetzt fing die „via triumphalis" an, auch die Mutter zu locken. Sie tat so bei der Bestellung des Haushalts, wie wenn sie andern Tages mit dem ersten Zuge hätte eine mehrtägige Reise antreten wollen. Die List glückte. Der ahnungslose Vater schlief noch, als die Drei in aller Herrgottsfrühe in höchster Glorie davonknatterten. Eugen saß am Steuer, die Mutter neben ihm und Richard auf dem kleinen Rücksitz. Es dauerte keine Stunde, da war auf dem schönen ebenen Weg Heidelberg erreicht. Auch bis Wiesloch ging noch alles gut. Dann aber, als die Straßen bergig wurden, begannen die Tücken. Die Kraftübertragung war noch nicht für so große Steigungen vorgesehen. Eugen und die Mutter mußten absteigen und den Wagen schieben, während Richard steuerte. Aber auch bergab bekam die Mutter Gewissensbisse. Wenn die einfache Holzbremse mit Lederüberzug plötzlich den Dienst versagte, was dann? Glücklicherweise kam das auf der ganzen Reise nicht vor. Allerdings mußten immer wieder von Zeit zu Zeit neue Lederauflagen bei den Dorfschustern gekauft und neu aufgenagelt werden.

Weiter geht die Fahrt, aber mit dem gemütlichen Kutschieren ist's vorbei. Da die Ketten sich längten und aus den Zahnrädern sprangen, wird vor einer Dorfschmiede Halt gemacht. Es kommen die Dörfler und bestaunen den Wagen, als wäre er frisch vom Himmel gefallen. Nachdem die Ketten nachgespannt sind, geht's weiter — bis zur nächsten Panne. Der Wagen streikt, weil der Benzinzufluß verstopft ist. Mutters Hutnadel ist gerade das richtige Operationsinstrument, das den Schaden rasch wieder gutmacht. Bei einer anderen Panne, bei der die Zündung versagte, opferte die „erste Fernfahrerin" selbst ihr Strumpfband — als Isoliermaterial.

In W. wird eingekehrt, da die heiße Augustsonne die Fahrer durstig gemacht hat. Wieder zieht der Wagen die Dörfler an und gibt ihnen die schwersten Rätsel auf. Wie ein Wagen ohne Pferde oder sonst ein Zugtier laufen können soll, ist für sie ein Buch mit sieben Siegeln. Die einen reden von Hexen und Hexenmeistern, andere von einem Uhrwerk.

Die drei Zauberkünstler aber steigen auf und fahren lachend davon. Bald wird die Schwarzwaldstraße so steil, daß sie schieben müssen, stundenlang.

Schon fängt es an zu dämmern. Ohne Laterne wird weitergeschoben, aber nicht nach der Methode Till Eulenspiegels. Ein freudiges Aufatmen geht erst durch die „Schiebenden", als sie oben auf der Bergeshöhe ankamen und die fallende Straße mit den Lichtern von Pforzheim vor sich sahen. Sie sausen zu Tal, nach Pforzheim hinein. Und obgleich die Buben aussahen wie Mohren in Studentenmützen und auch die Mutter ganz verstaubt war, endet die Fahrt, wie sie begonnen wurde — als Glorienfahrt! Ein Auflauf entsteht, und der Triumphwagen wird angestaunt wie ein neuzeitliches Weltwunder auf Rädern.

Stolz, aber todmüde drahtet die Mutter die gute Ankunft in die Welt: „Pforzheim glücklich angekommen." Der Vater aber drahtet zurück: „Ketten sofort als Expreß zurückschicken, da sonst Wagen in München nicht laufen kann." Diese väterliche „Drahtbremse" wirkte wie ein einziger Schlag. Wer mit der Wanderlust des Zigeuners frei und froh „hinaus in die Ferne" gefahren ist, der tritt die Heimreise nicht gern im Eisenbahnwagen an.

Aber die väterliche Bremse war nicht so schlimm gemeint. Nach einigen Tagen schickte der Vater, der auf die Leistungen der heimlichen Ausreißer nach dem ersten Schreck doch einen heimlichen Stolz bekam, eine neue Kette als Ersatz. Dank dieser Kette konnte dann auch die Rückfahrt in automobiler Herrlichkeit und Freude gemacht werden, von einigen „Schieberintermezzos" abgesehen.

Und die Moral von der Geschichte war: „Der Motor ist für Bergtouren zu schwach." Daher ging der Vater später auf den Reformvorschlag der drei Empiriker gerne ein, eine dritte Übersetzung für Bergfahrten in den Wagen einzubauen.

Der neue Wagen holt sich auf der Münchener Ausstellung 1888 die große goldene Medaille

Ich habe schon wiederholt in der Autoliteratur gelesen, daß auf der Münchener Gewerbe- und Industrieausstellung im Jahre 1888 zum erstenmal ein Kraftwagen öffentlich ausgestellt wurde und daß dieser Motorwagen ein Benzwagen war. Gewiß ist es ein Benzwagen gewesen, aber er war nicht zum erstenmal ausgestellt. Schon im Jahre 1887 hatte ich einen Wagen in Paris ausgestellt. Der Ausstellungsanfänger glich aber dem Veilchen, das im Verborgenen blüht. Im Verborgenen stand er nämlich unter den ausgestellten Pferdedroschken, und niemand beachtete ihn. Das war nun freilich nicht seine, sondern meine eigene Schuld. Denn sein markantester Charakterzug war doch das „Selbstbewegliche", und mit dieser Charaktereigenschaft konnte der „Pferdelose" am besten glänzen auf der Fahrt. Fahren hätte ich also den „Pferdelosen" lassen sollen. Und diese Unterlassungssünde rächte sich insofern, als die Ausstellung ohne Erfolg verlief.

München! Was in Paris versäumt wurde, das mußte in München unbedingt wieder gutgemacht werden. Ich ging daher zum Polizeihauptmann und bat ihn um die Fahrterlaubnis. Der macht erst große Augen und will von einem fahrenden „Selbstbeweglichen" nichts wissen. Ich versichere ihm, daß jede Gefahr ausgeschlossen ist. Trotzdem will er die Verantwortung nicht auf sich nehmen. Da packe ich ihn mehr als Mensch wie als Beamten an. Dieser selbstbewegliche Wagen ist für mich mehr als eine einfache Maschine, er ist die Verwirklichung all meiner Jugendhoffnungen und Erfinderträume. „Wollen Sie wirklich einer Erfindung, die der Menschheit ein neues Verkehrsmittel schenkt, den Weg versperren?" frage ich. Nach langem Hin und Her bekam ich die inoffizielle Erlaubnis, während zwei Stunden des Tages in den Straßen Münchens herumzufahren. Die inoffizielle Erlaubnis! Das will heißen: Passiert kein Unglück, so will der liebenswürdige Polizeihauptmann drei Augen zudrücken und uns ungeschoren fahren lassen. Geschieht aber ein Unglück mit dem gefährlichen Wagen, so wird der gestrenge Polizeihauptmann von einer gegebenen Erlaubnis nichts wissen und mich unnachsichtlich zur Rechenschaft ziehen. Ich freute mich wie ein Kind über die kluge Taktik des Mannes und kutschierte jeden Tag frei und froh einige Stunden in München herum.

Hei! War das für die fremden Ausstellungsbesucher und die Münchener eine freudige Überraschung! Welch grenzenloses Staunen! Wie ein Wunder wurde der „Selbstbewegliche" begrüßt und umjubelt. Das Münchener Tageblatt vom 18. September 1888 schrieb darüber:

„Ohne eine bewegende Kraft durch Erhitzung von Dampf, oder wie bei den Velozipeden, rollte der Wagen ohne Umstände, alle Kurven nehmend und den entgegenkommenden Fuhrwerken und den verschiedenen Fußgängern ausweichend, dahin, verfolgt von einer großen Zahl atemlos nacheilender Leute. **Die Bewunderung sämtlicher Passanten, welche sich momentan über das ihnen gewordene Bild kaum zu fassen vermochten, war ebenso allgemein als groß.** Der unter dem Sitz angebrachte Benzinmotor ist die treibende Kraft, die sich nach den mit eigenen Augen gesehenen wohlgelungenen Versuchen aufs beste bewährt hat."

Auch in der Welt der Techniker erregte der neue Benzinwagen großes Aufsehen. War er doch der erste seiner Art, der je auf einer deutschen Ausstellung sich zeigte. Der Erfolg übertraf alle Erwartungen: Der höchste Preis, den die Ausstellungsleitung zu vergeben hatte, fiel ihm zu. Ausgezeichnet mit der „Großen Goldenen Medaille" kehrte der Ausstellungsneuling wieder in seine Heimatstadt zurück.

Die ersten Käufer aus Frankreich, England und Amerika stellen sich ein

Um dieselbe Zeit wird der Wagenaufbau netter und bequemer, so daß der Benzinwagen in der Gesellschaft der stolzesten Pferdekutschen sich zeigen und bewegen kann. Das horizontale Schwungrad mußte dem vertikalen, die Schiebersteuerung der Ventilsteuerung weichen. Schon fahre ich mit meinem Wagen bis zu den Anhöhen des Odenwaldes und jenseits des Rheins bis hinüber zu den Anhöhen des Hardtgebirges. Wohin ich komme — überall ein allgemeines Staunen und Bewundern. Überall in Stadt und Land wird der Kraftwagen zum sensationellen Ereignis. Aber ein Käufer findet sich nirgends im weiten deutschen Vaterlande.

Dafür stellte sich im Jahre 1887 ein Franzose ein, Monsieur Emil Roger aus Paris. Die guten Erfahrungen, die Roger bis dahin mit den ortsfesten Benz-Zweitaktmotoren gemacht hatte, legten es ihm nahe, auch Versuche mit den neuen Benzmotorwagen zu machen. Er kam, sah und — kaufte, erst einen Wagen, dann mehrere, schließlich viele. Als ich im März 1888 nach Paris kam, traf ich im Hause Panhard & Levassor einen dieser Wagen wieder. Panhard & Levassor, welche die Ausführung des französischen Patents für meine ortsfesten Zweitaktmotoren übernommen hatten, zeigten für den selbstbeweglichen Benzinwagen ein auffallend reges Interesse. In Gegenwart von Levassor fuhr ich in jenen Tagen durch die Straßen von Paris. Durch diese denkwürdige Fahrt gab ich vermutlich nicht nur den ersten Anstoß zur Gründung der späteren Automobilfabrik Panhard & Levassor, ich machte auch die Bahn frei für die volkstümliche Anerkennung und öffentliche Bewertung meiner Wagen.

Ein Wagen um den anderen wandert jetzt nach Paris. So groß wird in der Folge die Nachfrage Frankreichs nach Benzinwagen, daß ich bald nicht mehr allen Bestellungen gerecht werden kann. Die Fabrik wächst. Eine besondere Abteilung für Motorwagenbau gliedert sich an. Schon arbeiten 50 Leute allein auf Benzinwagen. Schon stellen sich außer aus Frankreich auch Käufer aus England und Amerika ein.

Während aber Frankreich und Amerika den in der Kulturwelt auftauchenden Kraftwagen stürmisch begrüßen, liegt das sonst so verkehrsfreundliche England zunächst noch in den Fesseln einer veralteten Tradition. Als nämlich der erste Käufer durch die Straßen Londons fahren wollte, nahm sich gleich die hohe Polizei des neuen Verkehrsmittels liebevoll an. Der Wagen mußte halten, und die ahnungslosen Insassen wurden abgeführt — auf die Polizeiwache. Hier wird ihnen feierlich verkündet: „Ihr habt gesündigt wider das Gesetz." „Gegen welches Gesetz denn, wenn man fragen darf?" „Gegen die Lokomotive-Akt."

Man hatte nämlich meinen Motorwagen kurzerhand in die Klasse der Straßenlokomotiven gerechnet, wie sie am Anfang des 19. Jahrhunderts als „Dampfwagen und Dampfomnibusse" auf den englischen Landstraßen herumpolterten.

Auf seinem Werdegang hatte der „Dampfwagen" nicht nur zu kämpfen gegen technische Schwierigkeiten und schlechte Wegverhältnisse. Verhängnisvoller wurde für ihn der Kampf gegen verkehrsfeindliche Zeitmeinungen. Der liebe Konkurrenzneid der Fuhrherren, Pferde- und Eilwagenbesitzer, kurzsichtige Polizeivorschriften, hohe Schlagbaumabgaben[1], bestochene Witzblätter, aufgepeitschte Volksleidenschaften, die Kiesmassen, Holz-

---

[1] „Ich gab seit 1831 meine Fahrten auf, weil ich für jede derselben bei einer Strecke von 8 engl. Meilen 22 Schill. Zoll zahlen mußte" (also beinahe 2 Mark pro km!). Gurney. Vgl. Dinglers polyt. Journ. 1837.

und Eisenstücke auf die absichtlich aufgerissenen Straßen warfen — das alles konnte den dampfgetriebenen Emporkömmling nicht so vernichtend schlagen, wie die berüchtigte „Lokomotive-Act" des Jahres 1836. Im Anschluß an einige Unglücksfälle vermochten die Eisenbahngesellschaften ein Gesetz durchzudrücken, das einem Todesurteil für „den Dampfwagen auf gewöhnlicher Straße" gleichkam.

Dieses leuchtende Dokument schildbürgerlicher Staatsweisheit bestimmte: 1. daß „pferdelose Wagen" durch Ortschaften nur mit einer Stundengeschwindigkeit von 3,2 Kilometern (auf freier Strecke mit einer Höchstgeschwindigkeit von vier Kilometern) fahren dürfen und 2. daß 100 Meter vor jedem pferdelosen Wagen ein Mann zu gehen habe, ausgerüstet mit einer roten Fahne, um Fußgänger und Pferdelenker zu warnen. Damit war der Straßendampfwagen dem Totenschaufler verfallen; die Eisenbahnlokomotive aber triumphierte. —

Noch gegen Ende des 19. Jahrhunderts legte sich beim Auftauchen des neuen Motorwagens diese „Lokomotive-Akt" wie ein klotziger Schlagbaum quer über den Weg. Erst im Jahre 1896 wurde die Vorschrift über das Schneckentempo in einem neuen Gesetz über **leichte Kraftfahrzeuge** aufgehoben.

Überhaupt fiel es den Engländern nicht leicht, die Erfolge des **deutschen** Wagens anzuerkennen. Die „Daily Mail" hatte unsern Londoner Vertreter herausgefordert, einen unserer Motorwagen 100 Meilen (= 160 km) ohne Defekt und ohne Betriebsstörung laufen zu lassen. Um die öffentlich erhobenen Zweifel zu entkräften, fuhr der Vertreter mit 2 Personen und dem offiziellen Kontrolleur des Englischen Autoklubs auf dem kleinsten und billigsten Benzwagen ($2^3/_4$ P.S. Einzylindermotor) die Strecke London—Oxford via Uxbridge, Stockenchurch und zurück nach London = 160 km. Teilweise waren die Wege gut, teilweise aufgeweicht, schlecht und nicht ohne erhebliche Steigungen. Der kleine Benzwagen durchfuhr die Strecke anstandslos mit der durchschnittlichen Geschwindigkeit von 13½ Meilen. In ihrer Nummer vom 18. Oktober 1899 gratulierte uns die „Daily Mail" mit der vielsagenden Bemerkung, daß der Benzwagen, obgleich in Deutschland gebaut und billig, vorzüglich funktioniert und ohne Defekt und ohne jede Betriebsstörung 100 Meilen zurücklegte.

Wie rückhaltlos im Gegensatz zu diesem englischen Urteil der Selbstbewegliche auf französischem Boden anerkannt wurde, das möge ein Artikel dartun, der in der bedeutendsten französischen Sportszeitung „Le Vélo" etwa zu derselben Zeit erschienen ist (29. XII. 99) wie der Artikel in der „Daily Mail":

„Von allen auf der momentan stattfindenden Automobilausstellung gezeigten Motorwagen muß ich die weitaus bekannte Type unbedingt an erster Stelle erwähnen und dieses ist die Marke „l'Eclair" (Comfortable) der Firma Maison Parisienne „System Benz" (Pariser Haus der Firma Benz & Co.)

Der billige Preis setzt jeden in den Stand, sich einen solchen Wagen anzuschaffen und der Mechanismus desselben ist so einfach, daß kurze Zeit genügt, um ohne Furcht große Reisen damit unternehmen zu können."

Wer kann wohl für die Güte eines Fabrikates besser Zeugnis ablegen, als der untenstehend veröffentlichte Brief eines Kunden:

La Loupe (Eure et Lois), 25. XII. 1899.

Herrn Labauré!

Ich habe das Vergnügen, Ihnen anzuzeigen, daß ich mit meinem Wagen „Eclair" bis heute mehr als 9000 km zurückgelegt habe und noch immer warte ich vergebens auf die erste Betriebsstörung.

Ich hoffe, Ihnen den Wagen im Laufe des Monats Januar vorführen zu können und zwar, noch ehe ich einen neuen Ausflug unternehme.

gez. F. de Laperolle, Besitzer.

Abb. 37. Benz-Landauer
Mein Teilhaber Herr v. Fischer sitzt hinten rechts

Abb. 38. Benz-Comfortable (3 PS) mit Pneumatik

Abb. 39. Innenansicht aus den Benzwerken
Getriebedreherei

Abb. 40. Innenansicht aus den Benzwerken
Motoren-Montage

Abb. 41. Benz-Werke Mannheim

Abb. 42. 200-PS-Weltrekordwagen, 228 km pro Stunde

Abb. 43. 200-PS-Motor

Wenn auch in Deutschland keine Lokomotive-Act existierte, so hatte doch die öffentliche Meinung einen Schlagbaum heruntergelassen, der an Klotzigkeit keineswegs hinter dem englischen Schlagbaum zurückblieb. Deutschland ignorierte meine Erfindung lange, vielleicht gerade deshalb, weil ihr Schöpfer „nur ein Deutscher" war. Es ist leider zu wahr, was die „Automobilwelt" in ihrer Nr. 11 Jahrgang XV über „Große Männer und ihre Bewertung" behauptet:

„Wir wollen hier nicht noch einmal ausführlich darauf hinweisen, mit welchen Vorurteilen, welchem Spott und welchen bitteren Anfeindungen im Anfang ein Benz, ein Daimler, ein Graf Zeppelin zu kämpfen hatten, wie wenig sie von der Öffentlichkeit, wie wenig vom Kapital unterstützt wurden, und wie auch der Staat viele Jahre mißtrauisch und zögernd beiseite stand und alle diese Entwicklungen lediglich persönlicher Tatkraft und dem Zufall überließ."

Und doch hat der neue Wagen auch in Deutschland kein Versteckspiel getrieben. Immer mehr appellierte er an die Öffentlichkeit, indem er bald da, bald dort auf den Straßen und Plätzen des Verkehrs auftauchte. Erinnert sei nur an die erste Fernfahrt und das erste Auftreten des Wagens auf einer öffentlichen Ausstellung.

Der Einbau der dreiteiligen Achse

Schon im Jahre 1884 wollte ich einen Vierräderwagen bauen. Doch machte mir die Steuerung des Wagens Schwierigkeiten. Ich lehnte es von vornherein ab, das Lenken durch Drehung der ganzen Vorderachse zu bewerkstelligen, wie es vom Pferdewagen her jedermann bekannt ist (Abb. 33). Die Abb. 33 zeigt deutlich, aus welchen Gründen:

1. Ist bei dieser Lenkungsart ein großer Kraftaufwand erforderlich. Jedes Vorderrad bewegt sich nämlich auf einem Kreise, dessen Durchmesser gleich der Länge der Vorderachse ist. Dabei fällt der zu überwindende Reibungswiderstand der Straße ziemlich schwer ins Gewicht, weil er am Ende eines Hebelarms gleich der halben Vorderachse angreift. Liegt ein Stein im Weg, so entsteht plötzlich ein großes Stoßmoment, dem das Zugtier leicht, der Kraftfahrer aber nur schwer begegnen kann.

2. Nimmt die Stabilität bei dieser Lenkungsvorrichtung beim Kurvennehmen ab. Die Berührungspunkte der vier Räder bilden bei geradliniger Vorwärtsbewegung die Ecken eines Rechtecks. Bei der Fahrt in Kurven stärkerer Krümmung nähert sich die Unterstützungsfläche des Wagens der Form eines Dreiecks. Die Stabilität wird also gerade in dem Augenblick kleiner, wo die Zentrifugalkraft den Wagen am meisten umzuwerfen droht — ein Mißstand, der bei größerer Geschwindigkeit üble Folgen haben konnte. Ich wollte von einer so schwerfälligen Lenkungsart nichts wissen. Ein unreifer Verlegenheitswagen von einer Straßenecke zur anderen durfte mein Wagen nicht werden. Wie sehr mir von Anfang an insbesondere die Sicherheit der Lenkung am Herzen lag, das zeigt ja schon der Einbau des Differentials am ersten Modellwagen. Daher zog ich es

vor, solange beim Bau des einwandfrei zu lenkenden dreirädrigen Motorwagens zu verharren, bis mir die einzig richtige Lösung der Lenkungsfrage geglückt war.

Sollen nämlich die vier Räder in der Kurve rollen — nicht gleiten, so muß jedes einzelne Rad die zu beschreibende Kurve tangieren, d. h. senkrecht zum Kurvenradius stehen

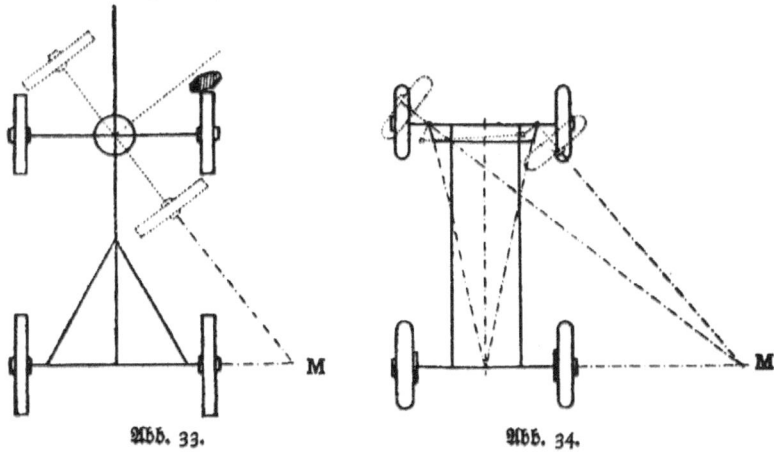

Abb. 33.   Abb. 34.

(Abb. 33). Die Verlängerungen der Radachsen müssen daher im Kurvenmittelpunkt M zusammenlaufen. Wie schon der Münchener Georg Längensperger (bzw. nicht unabhängig von ihm der Engländer Ackermann, „Ackermannsches Patent" 1818) gezeigt hatte, kann das Schneiden der Achsenverlängerungen auch erreicht werden, indem man die ganze Vorderachse fest läßt und unbeweglich, dagegen die Vorderräder aufsetzt auf bewegliche, kurze, angelenkte Achsstummel.

Wir wollen uns das Prinzip zunächst klar machen an den Abb. 34. Die Achsstummel sind nichts anderes als zwei armige Winkelhebel, auf deren einem Schenkel das Rad sitzt, während die anderen Schenkel durch eine Querstange gelenkig miteinander verbunden sind. Durch Verschieben dieser Querstange nach links (Abb. 34) oder rechts, können die Räder so gelenkt werden, daß bei jeder Stellung die Verlängerungen der

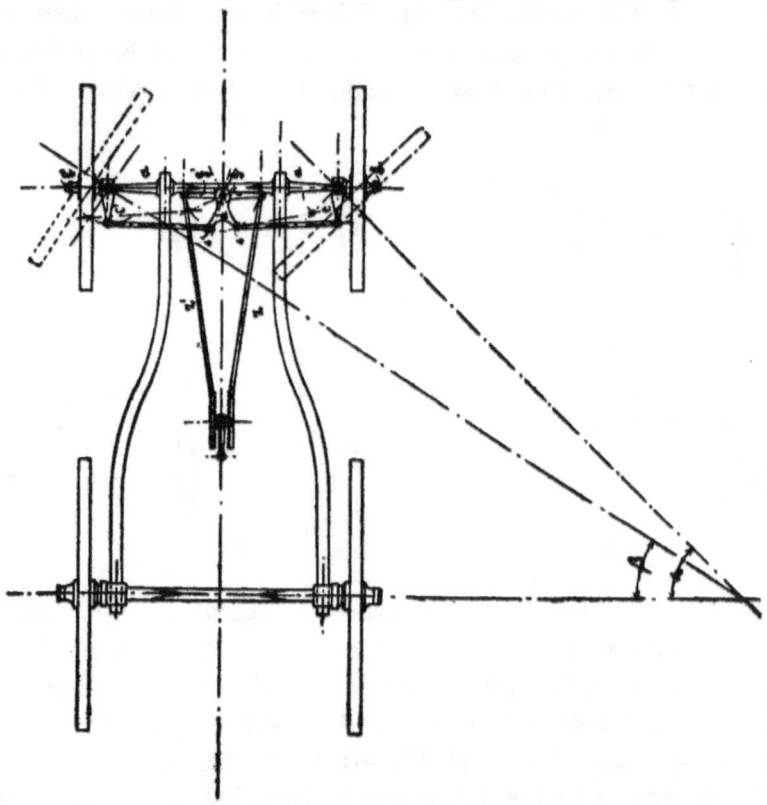

Abb. 35. Verkleinertes Schaubild aus der Patentschrift Nr. 73515.

Radachsen sich in einem Punkte schneiden. Dabei ist ein ganz geringer Kraftaufwand nötig, weil ja jetzt jedes Rad einfach um seinen eigenen Drehpunkt geschwenkt wird und der Hebelarm des Straßenwiderstands auf ein Mindestmaß verkleinert ist. Auch die Stabilität bleibt im großen und ganzen dieselbe, da die Abweichungen der Unterstützungsfläche von der ursprünglichen Rechtecksform ganz geringfügig sind.

Anfang der neunziger Jahre ist es mir nach mehrfachen Versuchen geglückt, dieses Prinzip der Lenkung am vierrädrigen Benzinautomobil zum ersten Male zu verwirklichen und die dreiteilige Achse in die Automobiltechnik einzuführen. Meine **Wagenlenkvorrichtung mit tangential zu den Rädern zu stellenden Lenkkreisen** wurde am 28. Februar 1893 patentiert (D.R.P. Nr. 73515).

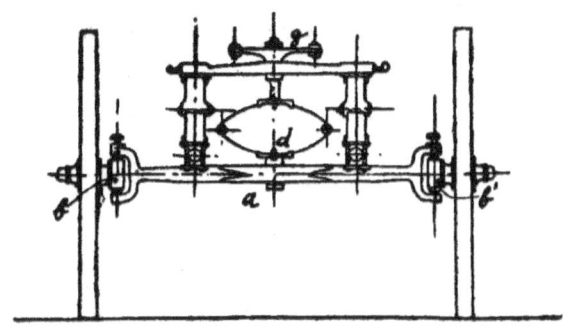

Abb. 36. Verkleinertes Schaubild aus der Patentschrift.

In der Patentschrift ist eine Wendung nach rechts gezeichnet (Abb. 35). Durch Drehen eines kleinen Zahnrades mit Hilfe der Steuerstange wird die Zugstange Z und der Hebelarm g nach hinten, Z' und g' dagegen nach vorn geschoben. Gleichzeitig beschreiben die Punkte s und s' des Gabelhebels d gleich große Kreisbögen. „Jedoch sind die Wege, die die betreffenden Zugstangen machen, voneinander sehr verschieden und macht in gegebenem Falle die Zugstange s einen größeren Weg als s', wodurch das rechte oder innere Rad eine größere Drehung als das linke oder äußere erhält."

An dieser Patentzeichnung sieht man deutlich, wie ängstlich

ich um die Sicherheit der Lenkung besorgt war. Mochte auch einmal eine Zahnstange brechen, die andere Zahnstange für sich allein genügte vollkommen zur Betätigung der Steuerung.

Daß meine Versuche in der Lenkungsfrage bestimmend geblieben sind und die Steuerungen am heutigen Vierräderwagen auch jetzt noch auf der Grundlage des damals geschaffenen Systems gebaut werden, ist mir eine um so größere Genugtuung, als jüngere Firmen später lange Benzinautomoile bauten — mit der unvollkommenen Lenkungsvorrichtung des Pferdewagens und ohne Differential.

Viktoria hieß der erste Wagen mit Achsschenkelsteuerung (3—5 P.S.). Damit war die Automobiltechnik in ihren Fundamenten fertig.

Wie es am Anfang auf den Landstraßen spukte

„Wenn einer eine Reise tut, dann kann er was erzählen." Dies Wort hatte für die ersten Reisen im Motorwagen eine erhöhte Bedeutung. Aus dem Schatzkästlein meiner Erinnerungen will ich nur ein paar Erlebnisse ausplaudern. Man muß sich eben vorstellen, wie fremdartig das ungewohnte Gefährt zur Zeit der ältesten Automobilepoche auf Tiere und Menschen wirken mußte. Die Pferde, die ihrem neuen Konkurrenten wenig Liebe und Verständnis entgegenbrachten, scheuten und wollten auf und davon. Die Kinder sprangen, wenn der Wagen fremde Dörfer passierte, unter Schreien und Rufen: „Der Hexenkarren, der Hexenkarren" in die Häuser, schlugen so rasch sie konnten, die Haustüren hinter sich zu und verriegelten sie, wohl aus Angst vor bösen Geistern. Eine Schwarzwälderin machte vor mir in rascher Aufeinanderfolge immer wieder das Kreuz, als wäre ich der leibhaftige „Gottseibeiuns", und ein anderes Mal schrie eine Frau in hellster Aufregung: „Ein Wagen ist durchgebrannt, ein Wagen ist durchgebrannt." Daß ein Pferd durchbrennen kann, ist ein alter Erfahrungssatz. Daß aber auch Wagen durchbrennen können, das war selbst mir, der dem Wagen das „Durchbrennen" ermöglichte, neu.

Auch auf manchen biederen Pfälzer Bauern wirkte das unheimliche „Teufelsfuhrwerk" geradezu schreckenerregend. Fuhr ich mit hochgestelltem Halbverdeck durch abgelegene Gegenden des Odenwaldes, so konnte ich mehr als einmal beobachten, daß ein Bauer aus Gespensterfurcht sein Fuhrwerk Fuhrwerk sein ließ, Hals über Kopf ins Feld hineinsprang und sich entweder dort oder im benachbarten Wald versteckte, bis der Teufelsspuk vorüber war.

Später wendete sich das Blättchen. Wieder spukte es auf

den Landstraßen; aber bei diesem neueren Spuken mußte ich die aktive Rolle vertauschen mit der passiven. Die „bösen Geister" pflanzten sich an der Dorfstraße auf und gaben ihren furchtlosen Gefühlen durch eine Begrüßung mit fliegenden Schottersteinen greifbaren Ausdruck.

Auch meine ersten Käufer machten ganz ähnliche Erfahrungen wie ich selbst, als sie mit meinen Wagen zuerst in der Öffentlichkeit auftauchten. Herr Robert Vieweg, Dresden, der einen „Patentmotorwagen Benz Viktoria" gekauft hatte, schreibt z. B. darüber im „Motor" (Juli-August 1918):

„Trotzdem bin ich hier im Erzgebirge große Straßensteigungen gefahren und habe die Bewunderung des Publikums erlangt. Natürlich fehlte es nicht an Kritikern, und der Wert des Fahrzeuges wurde meist auf 400 Mark geschätzt.

Das Publikum nannte den Wagen kurzerhand und längere Zeit danach einfach die ‚Benzine‘, und das Benzin kam natürlich auch von Benz, denn wozu bestand die Namensverwandtschaft. Wer sich damit beschäftigte, wurde allgemein als Herr Ingenieur bewundert, und wenn er auf der Landstraße, trotz seiner Kunst, das Gefährt nicht wieder flott bringen konnte, oder sogar Ochsenvorspann nehmen mußte, belächelt oder schadenfroh belacht, und keiner der immer zahlreichen Umstehenden reichte die hilfreiche Hand.

Immer war es besser als in der folgenden Zeit, wo man weniger persönlichen Verkehr mit den Straßenpassanten hatte, dafür aber von diesen wegen des ekelhaften Staubes recht liebliche Worte nachgerufen erhielt und sonstwohin gewünscht wurde. Trotz dieser Liebe ist der Wagen im Tempo weitergelaufen. . . .

Nun kam die Mode aus Paris. Der bisherige Motorwagen, in Paris genannt ‚Wagen ohne Pferde‘, verschwand, und es erschien dafür der weit schönere Name ‚Automobil‘, mit ihm der ‚Chauffeur‘ auf der Bildfläche. Wie wäre es mit der alten Volksbezeichnung ‚Benzine‘ als neuen Vorschlag?"

Die ersten Käufer aus Deutschland, Ungarn und Böhmen

Nachdem das Benzinautomobil seinen Bekanntenkreis erweitert und seinen ersten großen Erfolg (vgl. S. 87) errungen hatte, war zu erwarten, daß das Interesse für den neuen Wagen auch in den Abnehmer- und Fachkreisen Deutschlands Wurzeln schlagen werde.

Und richtig! Endlich kommt einmal einer aus Deutschland, der einen Wagen kaufen will. Meine Kompagnons reiben sich die Hände und freuen sich über den glückverheißenden Anfang. Der Kauf wird abgeschlossen. Aber schon nach einigen Tagen erklärt der Vater des Käufers den Kauf für ungültig, da sein Sohn in letzter Zeit nicht mehr normal gewesen sei und für sein Tun und Lassen nicht verantwortlich gemacht werden könne. Und in der Tat, der erste Käufer wanderte ins Irrenhaus, noch ehe der Wagen in seinen Besitz kam. „Ein böses Omen", dachte ich. Meine guten Freunde aber fingen an, sich als Prophet in empfehlende Erinnerung zu bringen und verhießen lustig allen Käufern eines Benzinwagens ein ähnliches Schicksal.

Ein anderer Käufer!

Der bildete sich ein, ein Todeskandidat zu sein. „Bevor ich sterben muß," sagte er sich, „möchte ich noch das Höchste, was das Leben bietet, genießen." Dieses Höchste aber erblickte er im Lenken und Fahren des Motorwagens. Er kam, kaufte sich die letzte Lebensfreude und bezahlte dafür fast sein ganzes Vermögen. Wozu auch ein Vermögen? Seine Tage waren ja doch gezählt! Und so fuhr er denn drauflos. Er fuhr und fuhr — und ist selbst dem Tode vorgefahren. Der Tod holte ihn nicht ein. Der Käufer konnte noch weiß Gott wie lang sein Leben und seine „letzte Lebensfreude" genießen. Und den Fehler in der Spekulation, mit seinen Lebenshoffnungen gar zu voreilig auch seine Lebensgüter über Bord geworfen zu haben, hatte er hinterher bald verschmerzt.

Daß unter den ersten Käufern auch eine Lehrerin war, daran erinnere ich mich immer noch mit großer Freude. Weither aus dem Ungarlande war sie gekommen, um das Mannheimer Wunder mit eigenen Augen schauen zu können. Ihre Begeisterung war groß; leider war ihre Finanzkraft nicht proportional ihrer Begeisterung. Aber begeisterte Frauen wissen immer Rat. Sie verstand es, ihre Begeisterung auf einen Kollegen zu übertragen, so daß auch er seine ganze Barschaft für den Wagen opferte. Es war ein Wagen aus dem Jahr 1888. Mein Sohn Eugen fuhr mit ihm zunächst per Bahn bis Wien. Von dort ab mußte der „Selbstfahrer" aber selber fahren. Der Weg ins Ungarland war nichts anderes als eine einzige „Via triumphalis". Ein Sturm der Freude begrüßte den Wagen beim Einzug in Sommerein bei Preßburg. Ehrenpforten und Triumphbögen waren errichtet. Bekränzte Festjungfrauen brachten ihm ihre Huldigungen dar, und aus dem Motorwagen war unter dem Jubel der Bevölkerung bald ein Blumenwagen geworden.

Ob die beiden Käufer auf ihrem gemeinsamen Wagen später auch einem gemeinsamen Lebensglück entgegengefahren sind, habe ich nie in Erfahrung bringen können.

Ein Käufer, dem die Liebe zum Motorwagen im Blute lag und der heute selbst eine Automobilfabrik besitzt, war Baron von Liebig aus Reichenberg in Böhmen, einer der mutigsten Pioniere des Kraftwagenwesens. Mein Viktoriawagen und der Baron — das waren Freunde, die einander verstanden und aufeinander abgestimmt waren wie zwei Stimmgabeln. Auf großen und weiten Reisen (1200 Kilometer) haben diese beiden

Freunde ihren Viktoriaruf hinausgeknattert in die aufhorchende Welt und trugen damit sehr viel zur Popularisierung des Kraftwagens bei. Wenn der Baron zu uns kam und über seine Reiseerlebnisse berichtete — einmal hat er sogar ein ganzes Buch über seine Reise nach Gondorf an der Mosel geschrieben und das Buch mir gewidmet —, dann freute sich das ganze Haus. Hatte er aber gar noch seinen Fabrikarzt bei sich und seinen Hauskaplan — diesen Mann mit seinem unversiegbaren goldenen Humor —, dann beherrschte laute und feuchte Fröhlichkeit die Stunde.

Ein Käufer mit bewundernswertem Weitblick war der Posthalter von E. (Württemberg). Der hatte von meinem Wagen gehört und wollte damals schon die Poesie des Postwagens ersetzen durch das Motorgelärm des Autoomnibus. Das berühmte Schwabenalter hatte er wohl hinter sich. Denn als der Mann nach Mannheim kam und ihm ein Wagen vorgeführt wurde, da sagte er: „Ah! so ischt dös Ding! Ich hab gemeint, man braucht nur auf einen Knopf zu drücken, dann lauf's." — Ein Menschenalter ist der wackere Schwabe mit seinen Wünschen der Zeit vorausgeeilt; denn es waren noch Jahrzehnte technischer Entwicklung nötig, bis das lästige „Andrehen" ersetzt wurde durch den elektrischen Anlasser, d. h. durch den gewünschten elektrischen Knopf.

Der Kauf kam nicht zustande. Der fehlende elektrische Knopf hatte die Poesie der Postkutsche noch einmal gerettet.

Auch aus München stellte sich bald ein Käufer ein. Mein Associé, der viel im Ausland herumgekommen war und über ein beneidenswertes Maß von Menschenkenntnissen verfügte, teilte mir das mit den Worten mit: „Ein vornehmer Münchener war heute morgen bei mir; er will einen Wagen kaufen." Mittags kam denn auch der vornehme Münchener zu mir und entpuppte sich gar bald als der frühere Portier eines großen Münchener Hotels. Er hatte sich in seinem Beruf ein so stattliches Vermögen erworben, daß er sich als wohlhabender Mann ins Privatleben zurückziehen konnte. Nachdem er glücklicher Besitzer eines „Comfortable" war, veranstaltete der passionierte Selbstfahrer alle möglichen und unmöglichen Touren. Als er einmal seelenvergnügt den Berg hinunterfuhr, verlor er in der Eile das Steuer. Der Wagen wurde der Straße untreu und sauste — man sollte es kaum glauben — durch ein großes Ladenfenster direkt in einen Kaufladen hinein. Der Ankömmling sowohl wie der Kaufmann sollen bei der gegenseitigen Vorstellung etwas verdutzte Gesichter gemacht haben.

Überhaupt hatte der gelungene Münchener Kauz beim Vorstellen nicht immer Glück. Als er uns wieder einmal in Mannheim besuchte, war gerade Prälat Bischof aus Speyer mit seinem Comfortable auch da. Bei der Vorstellung sagte der Münchener mit etwas breiter Dialektfärbung: „Hab dia Ehre." Darauf erwidert teilnehmend der hochwürdige Herr: „Ei, was! Sie haben Diarrhöe? Das tut mir aber leid."

Man wird das eigenartige Mißverständnis nicht für möglich halten. Die lustige Episode hat sich aber wörtlich in Rede und Gegenrede so abgespielt — zur allgemeinen Erheiterung der Vorstellenden und Vorgestellten.

Gedenke, daß Du ein Deutscher bist

Nachdem vom Jahre 1887 an immer mehr Benzwagen in Frankreich eingeführt wurden, nachdem Daimler im Jahre 1889 seine französischen Patente an Panhard & Levassor verkauft hatte, stürzten sich die Franzosen auf den deutschen Gedanken wie die Bienen auf aufblühende Blumen, holten den Nektar heraus, machten Honig daraus und verkauften ihn an die ganze Welt, nicht zuletzt auch an Deutschland.

Die guten Deutschen! Sie halten's gern mit dem Philosophen Emerson. Und der bezeichnete die Erfinder von Maschinen und Mechanismen kurzweg als „Zuckerbäcker".

Sind die Erfinder aber gar nur Deutsche, so gelten diese Propheten in ihrem Vaterlande manchmal noch weniger wie die Zuckerbäcker. Der Mann mit der rückständigen Zipfelmütze über den Ohren ignorierte von jeher gerne, was deutsch und deutschen Ursprungs ist — selbst wenn es dem Volke zum größten nationalen Schaden wurde. Wie schwärmerisch streckte er dagegen seit alters her die Hände aus nach allem, was von außen kam, insbesondere von Paris! Welch ein lächerlicher Indifferentismus nach innen und welch eine traurig groteske Abgötterei nach außen. Ist es für unser Deutschtum nicht ein nationales Brandmal der Schande, wenn von Jahr zu Jahr ungezählte Millionen für Automobile nach Frankreich wanderten, wenn „das Land des Geschmackes" beispielsweise im Jahre 1906 12 304 000 M. allein für Personenautomobile aus dem Geburtslande des Automobils herausholte und einheimste[1]). Wie die Kleidermode, so beherrschte Paris lange Zeit auch die Automobilmode und den Automobilmarkt. Welch reiche Früchte im Laufe der Jahre durch einseitige Fremdtümelei und durch die

---

[1]) Belgien lieferte für 2 486 000, Italien für 1 990 000 Mark, Österreich-Ungarn für 9 070 000, Schweiz für 3 290 000 und Amerika für 4 160 000 Mark.

schwerfällige Zurückhaltung des deutschen Großkapitals unserem Vaterlande verloren gingen, lehrt zahlenmäßig die Statistik. Ohne auf Einzelheiten einzugehen, sei nur kurz hingewiesen auf das Jahr 1906. In diesem Jahre führte Frankreich für 133 Mill. Franken Automobile aus, Deutschland für 21 Mill. Dabei war die Ausfuhr in Frankreich mehr als 17 mal so groß als die Einfuhr, während in Deutschland die Ausfuhr (21 Mill.) und die Einfuhr (zirka 20 Mill.) um die Oberhand rangen.

Woher kommt diese rasche numerische Überlegenheit Frankreichs gegenüber dem Heimat- und Vaterlande des Automobils? Es war einzig und allein die grundverschiedene Art, wie die neue Idee in Frankreich aufgenommen und ausgewertet wurde. Da gab's keine abwägende Geringschätzung, keine kühle Verneinung! Beherrscht und hingerissen von der Zukunftsmacht des neuen Ideals griffen französische Konstrukteure und Techniker mit dem auflodernden Feuer romanischer Begeisterung den deutschen Wagen auf. Dabei war es nicht nur die ideelle Begeisterung, die das Feuer schürte, sondern es war das machtvoll und bedingungslos mobilisierte Großkapital Frankreichs, das die Flammen in die Höhe und in die Breite schießen ließ.

Kaum hatten die französischen Wagen laufen gelernt, setzte sofort ein beispielloser Reklame- und Rennkultus ein. Auch dabei ist der Wagemut und Unternehmungsgeist des französischen Großkapitals Pate gestanden. Bald wurde durch eine Reihe großzügig veranstalteter glänzender internationaler Rennen das Auto in den Blickpunkt der ganzen Welt gerückt. Und es gab eine Zeit, wo die kleinste deutsche Zeitung die fettgedruckten französischen Renntriumphe hineintrug in die letzte Hütte des Schwarzwaldes und des Erzgebirges. Auch die deutschen Automobilzeitungen kündeten den Ruhm französischer Erzeugnisse in vielen Abhandlungen und gutbezahlten Reklameanzeigen. Bis in die Tage des Weltkrieges hinein haben ungezählte Hunderttausende von Franken das ihrige getan, um in der deutschen Fachpresse die französischen Marken hinaufzuheben ins Licht und in die Sonne. —

Neuerdings macht das Buch „Henry Ford, Mein Leben und Werk" viel von sich reden. Auch die Wirkung, die dieses Buch in weitesten Kreisen unseres Volkes auslöst, ist gleichbedeutend mit einer großzügigen kühnen Reklame, und zwar für den amerikanischen Fordwagen. Nur zwei Stellen (S. 79 und 80) seien aus dem Buche[1]) herausgegriffen und einander gegenübergestellt: „Bei den Fordwagen hat ein Kubikzoll Kolbenfläche nur 7,95 Pfund zu tragen, ein Grund, weshalb man einen Ford niemals versagen sieht, einerlei, ob es über Sand und Schmutz, Schnee und Matsch, durch Wasser und über Berge, über Felder und wegelose Ebenen geht." Jeder Sachverständige, der schon einmal einen Blick in einen zur Reparatur übergebenen Fordwagen geworfen hat, kann sich eines Lächelns beim Lesen dieser „Tatsache" nicht erwehren, versteht es aber um so leichter, warum — schon eine Seite später — Ford für seine „niemals versagenden" Wagen überall im Lande Lager von Ersatzteilen für wünschenswert hält. „Die verschiedenen Teile sollten so billig sein, daß es billiger käme, neue zu kaufen, als die alten reparieren zu lassen. Sie sollten wie Nägel und Riegel in jeder Eisenhandlung geführt werden." Die Geschmacksrichtungen sind verschieden. Einen Wagen, der nur in Verbindung mit einem Netz von Ersatzteilhilfsstationen auf die Dauer betriebsfähig ist, sehe ich nicht für ein erstrebenswertes Ideal der Automobilindustrie an.

Doch das nur nebenbei. Kehren wir wieder zu den Franzosen zurück. Und da muß ich sagen: Der Deutsche hat seine Zipfel-

---

[1]) Deutsche Ausgabe von Curt Thesing 1923.

mütze immer noch tief im Nacken sitzen. Sonst würde er sich für eine Lektüre bedanken, in welcher „Der französische Genius" seine Giftkübel der Verächtlichmachung in Strömen auf ihn niederschüttet. Dieser französische Genius, ein Machwerk, geschrieben, bezahlt und in Deutschland massenhaft verbreitet von Franzosen, ist nichts anderes als eine haßdurchflammte Schmähschrift, die durch Herabwürdigung der Errungenschaften deutscher Technik, Wissenschaft und Kunst die geistige Inferiorität unseres Volkes nachzuweisen versucht. „Frankreich! Du bist das Licht in der Nacht!"

Der französische Genius steht in bezug auf objektives Urteil auf derselben Höhe wie der von der Kriegspsychose geborene Aufsatz „La Science des civilisés et la Science allemande" in „La Revue", einer der angesehensten Zeitschriften Frankreichs. Darin sucht Dr. Achalme, Direktor des Laboratoire du Muséum die Welt zu überzeugen von der Unantastbarkeit seines Dogmas: „Wohl sind die Deutschen fähig zu kommentieren, umzubilden, manchmal, jedoch seltener, auch Ideen anderer zu entwickeln, doch fehlt ihnen die schöpferische Kraft! Sie, welche es allein ermöglicht, die wissenschaftliche Leiter zu erklimmen, ist eine Gehirntätigkeit, die den Deutschen versagt ist." Auf dieses weltverhetzende Feldgeschrei: „Steiniget ihn" gibt es nur eine Antwort: Söhne Deutschlands! Wahret eure ureigensten Kulturgüter! Achtet, liebt, pflegt und schirmt, was deutsche Volksgröße in schöpferischem Schaffen der Kulturwelt schenkt und schenkte. Um der nationalen Ehre und der wirtschaftlichen Energie willen laßt mehr als bisher auch an euren Pionieren des Erwerbslebens, an euren bahnbrechenden Erfindern und Entdeckern des großen Kurfürsten heiliges Vermächtniswort zur segnenden Tat werden: „Gedenke, daß du ein Deutscher bist!"

Das Emporblühen der deutschen Kraftwagenindustrie

Es würde nun weit über den Rahmen meines Erinnerungsbüchleins hinausgehen, wenn ich auf die technische Weiterentwicklung des Motorwagens im allgemeinen und der Benzwagen im besonderen eingehen wollte, auf alle die deutschen Schöpfungen mit französischen Namen (Benz Vis-à-vis 1892 [Abb. 31], Benz Velo 1893 [Abb. 32], Benz Phaeton 1893, Benz Dos-à-dos 1896 mit Zweizylindermotor, Benz Comfortable 1898 [Abb. 38] mit Pneumatik usw.) bis hinauf zum 200-P.S.-Weltrekordwagen (Abb. 42) mit 228 Kilometern Stundengeschwindigkeit.

Dagegen sei zunächst noch mit einigen Worten eingegangen auf den geschäftlichen Entwicklungsgang unserer „Rheinischen Gasmotorenfabrik".

Im Jahre 1890 trat Herr Rose aus dem Geschäft aus. Beim Abschiede gab er mir noch den gutgemeinten, freundschaftlichen Rat: „Lassen Sie die Finger vom Motorwagen."

Als neue Teilhaber traten um dieselbe Zeit Herr Friedrich von Fischer und Herr Julius Ganß in mein Unternehmen ein. Damit hatte ich das Glück, daß mir zwei Männer zur Seite traten, die — statt Mißtrauen — den fröhlichen, starken Glauben an die Zukunftsmacht des Motorwagens mit sich brachten. Sie waren gleich mir Feuer und Flamme für die neue Produktionsidee und scheuten keine Geldopfer zwecks Fabrikation von Motorwagen. Beide waren Kaufleute, beide in ihrer Art verschieden, aber beide tatkräftig und tüchtig. Herr v. Fischer übernahm mit Umsicht die Organisation des inneren kaufmännischen Betriebs, während Herr Julius Ganß mit weitschauendem Blick in der Organisation des äußeren Verkaufs Hervorragendes leistete. Bald häuften sich die Aufträge in einem solchen Maße, daß trotz rascher Vergrößerung der Fabrikanlage und der Arbeiterzahl die technische Produktion fast nicht mehr Schritt halten konnte mit dem Tempo des Verkaufs. Es war ein Aufsprießen und Aufblühen — wie nach einem warmen Frühlingsregen.

Als Herr v. Fischer krank wurde, machte er Herrn Ganß und mir vor seinem Tode noch den Vorschlag, unser Unternehmen in eine Aktiengesellschaft zu verwandeln. So entstand im Jahre 1899 „Benz & Cie., Rheinische Automobil- und Motorenfabrik", eine Aktiengesellschaft, die sich in der Folge so weiter entwickelte, daß sie in den letzten Jahren insgesamt 10 000 Arbeiter und Beamte beschäftigte. Das Werk hat heute ein Areal von über 500 000 Quadratmetern und unterhält zur Zeit 100 Geschäftsstellen im In- und Auslande.

Es ist nicht zuletzt der Vorsitzende unseres Aufsichtsrates Herr Geh. Kommerzienrat Dr. h. c. Brosien, Direktor der Rheinischen Creditbank, Mannheim, dessen persönlicher Initiative, dessen warmherzigem Interesse und geschäftlichem Weitblick dieser Aufschwung zum Weltunternehmen zu verdanken ist.

Doch kehren wir nochmals in die Jugendzeit des Automobilismus zurück. Tausende von deutschen Benzwagen wandern in den neunziger Jahren in Frankreich ein, bis — um die Jahrhundertwende — auch in Deutschland das Interesse an der neuen Industrie erwacht und lebendig wird. Der Franzose L. Baudry de Saunier, der ein Werk[1]) geschrieben hat über die in Frankreich häufigsten Automobiltypen (1900/01), macht gar kein Hehl daraus, daß das Benzinautomobil in Deutschland geboren und in Frankreich eingewandert ist. Er sagt wörtlich:

---

[1]) Das Automobil in Theorie und Praxis, übersetzt von Dr. R. v. Stern u. H. A. Hofmann.

„Schon der Umstand, daß der in Deutschland von der Firma Benz & Cie. in Mannheim erzeugte Motor dieses Wagens eigentlich der erste Benzinmotor war, welcher für automobile Fahrzeuge verwendet worden ist, gibt uns Veranlassung, uns in ausführlicher Weise mit diesem Systeme zu befassen. Es war am 25. März[1]) des Jahres 1886, als die Firma Benz & Co. das erste Patent auf einen Wagen mit Gasmotor nahm. Zwei Jahre später führte Roger denselben in Frankreich ein. Seit dieser Zeit sind unzählige Neuerungen und Verbesserungen an diesem Motorwagen angebracht worden und haben zu dem Ziele geführt, daß derselbe heute bereits als eine der am weitesten verbreiteten Automobiltypen anzusehen ist. Die relative Leichtigkeit des Motors und des übrigen Mechanismus ermöglichte es, daß Wagen für zwei Personen mit dem geringen Gewichte von 300 Kilogramm hergestellt werden können.

Verschiedene Konstrukteure haben Details des ursprünglichen Benzmotors in mehr oder weniger glücklicher Weise modifiziert, die charakteristischen Merkmale der ganzen Anordnung sind aber bei allen diesen Modellen nicht abhanden gekommen. Wer die in diesem Abschnitt enthaltene Beschreibung sich zu eigen gemacht hat, wird bei etwas Verständnis mit allen veränderten, verbesserten und manchmal auch verschlechterten Benzwagen, die ihm unterkommen, umzugehen wissen."

Für mich aber, der zeitlebens sein Vaterland von Herzen lieb hatte, war es immer eine Lebenserfahrung und eine Lebenserinnerung eigenartigster Tragik geblieben, daß mein Kind in der deutschen Heimat zunächst nur die verständnislose Fremde, in

---

[1]) Gemeint ist hier: Das französische Patent Nr. 175027 vom 25. März 1886, das deutsche Patent Nr. 37435 stammt vom 29. Januar 1886.

der französischen Fremde dagegen rasch eine sonnige Heimat von fruchtbarster Bodenständigkeit gefunden hatte.

Mehr als ein ganzes Jahrzehnt waren Daimler und ich die einzigen, die sich abmühten, den deutschen Heimatboden auch zum wirtschaftlichen Wurzelboden der neuen Industrie zu machen. Erst als die Deutschen die Erfolge sahen, belebte sich um die Jahrhundertwende das Feld. Da treten weitere einheimische Fabriken auf den Plan. Das Interesse für die neue Industrie erwachte jetzt auch in Deutschland. Immer mehr Fabriken tauchen in der Folge auf. Millionen deutschen Kapitals werden dem Kraftwagen im Glauben an seine große Zukunft zur Verfügung gestellt. Schließlich setzt jene gewaltige Emporentwicklung ein, die in beispiellos raschem Aufschwung den Kraftwagenbau zum hervorragendsten Zweige unserer gesamten Maschinenindustrie werden läßt. Es war wie ein einziger stürmischer Siegeszug hinauf auf die Triumphhöhe deutscher Arbeitstüchtigkeit, deutscher Schöpfungskraft und deutscher Unternehmungslust.

Es kamen die ersten Ausstellungen. Es kamen die ersten Automobilklubgründungen. Es kamen die ersten Rennen.

Freilich sind die Rennen, bei denen „höchste Geschwindigkeit" ausschließlich die Losung war, nie mein Ideal gewesen; auf deutschem Boden konnten sie auch nie recht volkstümlich und heimisch werden — wie in dem geschwindigkeitssüchtigen Frankreich oder in dem geschwindigkeitstollen Amerika. Gewiß hatten die Geschwindigkeitsrennen der reklamefreudigen Franzosen eine ungeheure werbende Kraft. Gewiß haben die Rennen der ersten 10—15 Jahre Schlag auf Schlag umwälzende Fortschritte gezeitigt: Sie entschieden den Streit zwischen elektrischer und Glührohrzündung zugunsten der Elektrizität. Sie verhalfen für immer der Wasserkühlung zum

Sieg und zu ihrer heutigen Vollendung. Sie verdrängten den Riemen als Transmissionsmittel und schufen Zahnräder und Kuppelung für die Kraftübertragung. Sie waren eine Materialerprobung, wie sie wirksamer nicht hätte sein können usw. Als aber die Geschwindigkeit eine solche Steigerung erfuhr, daß der Rennerfolg neben der Güte des Wagens vor allen Dingen auch von der knochenriskierenden Waghalsigkeit des Wettfahrers abhängig war, da machte sich der „Landstraßenwahnsinn" unbeliebt bei Behörde und Bevölkerung, ja sogar auch in der Industrie.

Nicht als ob der deutschen Kraftwagenindustrie der Lorbeer der sportlichen Geschwindigkeitsrennen zu hoch gehangen wäre! Wie schon in Schottland im Jahre 1903 (IV. Gordon-Bennett-Rennen, 89 Kilometer Stundengeschwindigkeit), so ging auf französischem Boden im Grand Prix 1908 (111,5 Kilometer pro Stunde) und 1914 (105,5 Kilometer pro Stunde) ein deutscher Mercedeswagen aus der Blüte ausländischer Erzeugnisse als triumphierender Sieger hervor. Und ein Benzwagen ist es gewesen, der mit seiner 228 Kilometer-Stundengeschwindigkeit beim Rennen in Daytona (1911) den Weltrekord der höchsten Geschwindigkeit aufstellte.

Aber wie gesagt, die Höchstgeschwindigkeit sollte nicht das letzte und oberste Endziel der deutschen Automobilentwicklung sein. Zuverlässigkeit und Wirtschaftlichkeit — das war im deutschen Kraftwagenbau gar bald die Losung und Forderung des Tages.

So ging man dazu über, durch Zuverlässigkeitsfahrten einen möglichst praktischen und zuverlässigen Tourenwagen zu züchten. Ein mächtiger Förderer dieser Bewegung war der englische Porträtmaler Professor Hubert v. Herkomer, ein Kind des Bayernlandes, eines Holzschnitzers Sohn. Der stiftete für Wettfahrten außer dem Bild des jeweiligen Siegers einen wertvollen, selbstentworfenen Preis in Silber. 1905, 1906 und 1907 fanden die Herkomerfahrten statt. Edgar Ladenburg erwarb den Herkomerpreis auf einem Mercedeswagen bei der ersten Herkomerfahrt, mußte ihn aber bei der zweiten Herkomerfahrt abtreten an einen Horchwagen (Dr. Stöß). Mit Hilfe eines Benzwagens (Fritz Erle) eroberte er ihn bei der dritten Herkomerfahrt wieder zurück und wurde damit endgültiger Gewinner.

Dem Prinzen Heinrich von Preußen, einem begeisterten und verständnisvollen Förderer der deutschen Automobilentwicklung, verdanken wir die Fortsetzung der Herkomerschen Zuverlässigkeitsfahrten. In diesen „Prinz Heinrichfahrten" siegten: 1908 Benz, 1909 Opel und 1910 Österr. Daimler.

Der Kraftwagen als Kulturgut

Der Kraftwagen ein Kulturgut? Diese landüberzitternde Maschine, die der Gesamtheit der Menschheit mit vollen Händen Staub ins Gesicht schleudert? Nein, ein Kulturgut ist das nicht. Manch einer protestierte so gegen den neuen Wagen, von dem er nichts sah, als die mächtigen Staubwolken, die der „Kulturförderer" im Vorbeifliegen zurückließ. Ja, manch einer protestierte gegen den neuen Wagen — statt gegen die jahrhundertalte, rückständige Landstraße, auf der die eisenbereifte Mühle des Verkehrs den Staub herausmahlte und für den Pneumatik zum Aufwirbeln bereit legte.

Dann kam der Krieg mit seinen Wunden. Und manch einer sah fortan im neuen Wagen nicht mehr den Staubaufwirbler, sondern den Lebensretter. Nicht rasch genug konnte ihm das Staubaufwirbeln gehen, als der neue Wagen, geschmückt mit dem roten Kreuze auf weißem Grunde, ihn aus der Feuerzone der Gefahr hinüberrettete in die Sicherheit — ins neugeschenkte Leben. Vielen Hunderttausenden ging es so. —

Doch halt! Nicht vom Kraftwagen als Kriegswerkzeug und als Samariter will ich viel erzählen. Man könnte darüber ja ganze Bücher schreiben. Dagegen möchte ich vom Kraftwagen als Werkzeug des Kultur- und Verkehrslebens noch ein paar Worte sagen. Ist es doch für mich eine der freudigsten Lebenserfahrungen, daß die Idee, für die ich einst alles zu opfern bereit war, in ungeahntem Siegeszug heute die ganze Erde erobert hat.

Wo wir auch im heutigen Verkehrsleben hinschauen, überall ist der Kraftwagen zukunftverheißend auf den Plan getreten. Und gleich umgestaltend — als Zeit- und Raumüberwinder. Die Zeiten, wo der in Frankreich großgezogene Luxus-

und Rennwagen ausschließlich regierte, sind heute glücklicherweise vorüber.

Ob Klein-, ob Großwagen, ob als Beförderungsmittel für Personen oder Güter, auf der ganzen Linie des neuzeitlichen Verkehrslebens ist der Kraftwagen siegreich vorgedrungen. Hier fliegt er als flinker Reisewagen von Stadt zu Stadt, von Land zu Land. Dort eilt er als Ärztewagen von einem Kranken zum anderen. Hier fährt er als Hofequipage vor, dort begleitet er als Leichenwagen einen müden Wanderer auf dem letzten Wege.

Namentlich im öffentlichen Personen- und Fuhrverkehr hat der Kraftwagen immer mehr den Pferdewagen verdrängt. In den Großstädten der Welt kommt er als „Autodroschke" dem ärmsten aller Zugtiere — dem Droschkengaul — erlösend zu Hilfe. Als Hotelwagen und Hochzeitskutsche, als Feuerwehr- und Rettungswagen, als Spreng- und Kehrichtwagen, als Lieferungswagen für den Bestelldienst größerer Geschäftsbetriebe, als eigentlicher Lastwagen in allen Spielarten tut er unermüdlich seine Dienste. Als Postwagen und Autoomnibus ergänzt er das Schienennetz der Eisenbahnen und läßt die alte Poesie der Postkutsche auf den verlassenen Landstraßen wieder aufleben. Omnibuslinien erschließen dem Fremdenverkehr die Schönheit unserer Bergwelt im Schwarzwald und in den deutschen Mittelgebirgen ebenso wie in dem Hochgebirge der Alpen. Weil der Kraftwagen imstande ist, jede Steigung leicht und sicher zu überwinden, vermag er Personen- und Güterbeförderung zu übernehmen selbst da, wo Lokomotiven und Pferde versagen. Weltumspannend zieht er seine Kreise überall, wo noch Kulturland ist, ja, noch weit darüber hinaus. Hat doch die chinesische Regierung einen regelmäßigen Automobilverkehr in der Wüste Gobi eingerichtet. Daimlerwagen legen draußen in den deutschen Kolonien Zeugnis ab vom maschinentechnischen Können des Mutterlandes. Und Benzwagen knattern durch die Blumengefilde Indiens ebenso wie durch das Sandmeer asiatischer und afrikanischer Wüsten, durchkreuzen den Kaukasus und das persische Hochland so gut wie die Stein- und Sandsohle der Flüsse in den Tropen.

So ist das Kraftfahrzeug zu einem Allerweltsverkehrsmittel von wirtschaftlich steigendem Werte geworden.

Schwerer als sein flinker Bruder, der Personenkraftwagen, setzte sich im Verkehrsleben der langsame Lastwagen durch. Von der Zukunft des motorgetriebenen Lastwagens überzeugt, versuchte ich schon in der Anfangszeit der Kraftfahrzeuge dem Lastauto den Weg zu bahnen. Um die kopfschüttelnde und verneinende Interessentenwelt durch den Augenschein zu bekehren, baute ich zunächst einen Lastwagen und übernahm damit die Beförderung von Hafer vom Bahnhof Mannheim zum Lagerhaus eines Großhändlers. Stolz und siegessicher fuhr Fritz Held — so hieß der Lenker — mit dem neuen Wagen beim Empfänger vor. Die geplante Überraschung hatte allerdings einen durchschlagenden Erfolg — aber ins Negative hinein. „Laßt die verflixten Dummheiten", sagte der Kenner seiner Sache und seiner Zeit. „Ich will nix mit dem Wage gefahre hawe, die Kutscher kaafe mir sonscht kee Hawer mehr ab!" — Als ich davon hörte, habe ich schweren Herzens den Lastwagen wieder abgebaut. — Aber nicht nur Berge von Vorurteilen und Zeitmeinungen gab's für den Lastwagen zu überwinden. Da er die Augen der Welt nicht durch laute Renntriumphe und glänzende Geschwindigkeitssiege auf sich lenken konnte, wie der Sportswagen, mußte er in harter Werktagsarbeit seine Überlegenheit dartun durch gesteigerte Wirtschaftlichkeit. Gegen das jahrhundertalte Pferdefuhrwerk konnte der Lastwagen nur emporkommen durch größere Geschwindigkeit und größere Leistungsfähigkeit. Und im Kampfe gegen die übermächtig gewordene Lokomotiveisenbahn galt es den Hebel dort einzusetzen, wo das Schienennetz Lücken ließ und eine weitere Verengerung der Maschen aus örtlichen und wirtschaftlichen Gründen nicht mehr zuließ. Recht beachtenswert für unsere zukünftige Verkehrsentwicklung erscheint mir, was ein hervorragender Fachmann, Geh. Rat A. Riedler, in „Wissenschaftliche Automobilwertung" (Bericht IX. des Laboratoriums für Kraftfahrzeuge) über das Verhältnis des Lastkraftwagens zur Eisenbahn mit ihren riesigen Anlagekosten der „Schienenstraße" ausführt: „Die Einseitigkeit dieses Bahnsystems und seine schlechte Ausnutzung wird schon durch die Tatsache gekennzeichnet, daß die Kohlenkosten, ein Maßstab für den lebendigen Teil des Betriebes, selbst bei großen Eisenbahnen mit dichtem Verkehr nur 5—10% der Gesamtunkosten betragen. So gewaltig überwiegen die toten Auslagen für Anlagen, Verwaltung usw.

Wenn die Straßen, die seit mehr als einem Jahrhundert nur Ausdehnung, aber keine wesentliche Verbesserung erfahren haben, für Massenverkehr verbessert werden, und wenn der Verkehr richtig organisiert wird, dann kann der Kraftwagen auch für einen großen Teil des Gütertransportes weitere Bedeutung erlangen. Inzwischen wird das endlose Netz von Kleinbahnen mit großen Kosten weiter ausgebaut, während bei **richtiger und rechtzeitiger Würdigung der Sachlage das aufzuwendende große Nationalvermögen** an vielen Stellen zweckmäßiger und mit größerem Nutzen für das Land angelegt werden könnte als im Bau von Nebenbahnen."

Die Automobil=„Erfinder"

Es ist immer so gewesen: Hat ein Erfindungsgedanke Fleisch und Blut angenommen, hat er in der Menschen= und Maschinenwelt sich durchgesetzt und ist zu Ehren und Ansehen gekommen, dann finden sich aus aller Herren Ländern Menschen, die sich dem berühmt gewordenen Weltbürger als Vater bald, bald als Großvater vorstellen. Dem Motorwagen erging's nicht anders.

Ist auch gar kein Wunder. Kommt es doch zunächst darauf an, wie man den Begriff „Erfinder" und den Begriff „Automobil" definiert. Wenn ein Erfinder nur der Mann ist, der alles bis zum letzten Stift und Knopf an seiner Erfindung selbst erfunden haben muß, dann gibt es einen Zeppelin ebensowenig wie einen James Watt. Dann gibt es überhaupt keine modernen Erfinder. Ihnen allen ruft Mephisto in Goethes Faust zu:

„Original, fahr hin in deiner Pracht! —
Wie würde dich die Einsicht kränken:
Wer kann was Dummes, wer was Kluges denken,
Das nicht die Vorwelt schon gedacht." —

Wenn andererseits jeder Versuchswagen, der mit einem Uhrwerk, mit einer Dampf= oder Gasmaschine angetrieben, aber nie betriebsbrauchbar wurde, in die Klasse der Automobile gerechnet wird, dann gibt es ein ganzes Heer von Automobilerfindern. Kleiner wird das Heer, wenn wir die Frage präziser stellen: „Wer hat das Benzinautomobil erfunden?" Und nur ganz Wenige können bestehen vor der Frage: „Wer hat das Benzinautomobil wirklich mobil und betriebsfähig gemacht und es der ablehnenden Menschheit aufgezwungen?"

Als der Offizier Rivaz im Jahre 1807 das erste „Automobil" mit Explosionsmotor baute, da war es ihm nach seinen erfolglosen Versuchen durchaus klar, wie weit er noch von der Lösung des automobilen Problems entfernt war. Sonst hätte er am Schluß seines Berichts nicht der Hoffnung Ausdruck gegeben, daß andere nach ihm mehr Glück haben möchten.

Es war immer ein Lieblingsversuch der Franzosen gewesen, den Strom des Erfinderruhms auf französische Mühlen zu lenken. Sie behaupten, daß schon im Jahre 1863 der Erfinder des Gasmotors, der französische Mechaniker Lenoir und im Jahre 1868 Pierre Ravel einen Wagen bauten, der von einem Explosionsmotor getrieben wurde. Richtiger müßte es heißen: „getrieben werden sollte". Denn wie es mit der Betriebsfähigkeit des Lenoirwagens, den die Franzosen gerne als das erste Automobil bezeichnen, aussah, darüber kann sich jedermann ein Bild machen auf Grund des Urteils, das Geh. Rat Riedler in „Wissenschaftliche Automobilwertung", Bericht X, über den Lenoirmotor gefällt hat:

„Der Lenoirmotor war ventillos, aber höchst geräuschvoll, nicht wegen seiner Steuerung, sondern wegen seines mangelhaften Triebwerks und wegen seines Arbeitsverfahrens mit Zündung nach dem Hubwechsel. Der Motor ist vollständig gescheitert und nicht betriebsbrauchbar geworden. Wenn nicht das Triebwerk zugrunde ging, so versagte der Auslaßschieber infolge von Wärmestauungen in wenigen Stunden, obwohl die Motoren mit großer Überschmierung betrieben wurden."

Diese Wagen waren Vorversuche, günstigstenfalls vergleichbar den ersten taumelnden und schwankenden Schritten eines Kindes. Lebensfähigkeit und Zukunftsmöglichkeit hatten sie aber nicht. Und das Patent des Amerikaners G. B. Selden

(Nr. 549, 160), eingereicht am 8. Mai 1879 und erteilt am 5. November 1895, hat als Streitobjekt in den Patentbureaus mehr Staub aufgewirbelt wie als praktische Gebrauchsform auf den Straßen des wirklichen Verkehrslebens.

Denn Selden hat die Idee[1]) seines Patentantrages immer nur Idee auf dem Papier sein lassen; zur praktischen Ausführungsform ist er nicht übergegangen. Es war eine Straßenlokomotive, „light in weight"[1]), also leicht an Gewicht, das stimmt; denn sie wog überhaupt nichts. —

Der in Österreich naturalisierte Mecklenburger **Siegfried Marcus** hat — wie neuerdings hervorgehoben wird — zwar wichtige Neuerungen an Explosionsmotoren praktisch durchgeführt; indessen war der Benzinwagen dieses erfinderischen Kopfes ebenfalls noch keine lebensfähige Ausführungsform des Automobilproblems. Der Marcuswagen hatte eben den einen, für ein „Auto-mobil" allerdings unverzeihlichen Fehler, daß er „**niemals wirklich laufen wollte**". Marcus selbst war von der praktischen Betriebsbrauchbarkeit seines Versuchswagens so wenig überzeugt, daß er sich bis zu seinem Tode 1895 nicht mehr weiter mit dem „Hoffnungslosen" beschäftigte.

Alle diese Erfindungsversuche sind Keimlinge, die in dem sterilen Nährboden ihrer Zeit nicht fortkamen, sondern verdorrten.

Man muß sich eben klar machen, daß um jene Zeit die technischen Grundlagen noch nicht für die Lösung des **vielseitigen Gesamtproblems** herangereift waren. Erinnert sei beispielsweise nur an die Zündung, diesen wichtigsten Teil des Motors. Die Elektrotechnik war damals noch nicht so weit

---

[1]) The object of my invention is the production of a safe, simple and cheap road-locomotive, light in weight, easy to control and possessed of sufficient power to overcome any inclination.

fortgeschritten, daß sie Zündapparate für den automobilen Sonderzweck in den nötigen kleinen Dimensionen liefern konnte. Ich selbst habe vom Jahre 1878 ab alle möglichen Versuche angestellt, bald mit kleinen Dynamos und Batteriezündung, bald mit Phosphorwasserstoff und Katalyse. Heute, wo es Spezialfabriken für magnetelektrische Zündapparate gibt, kann man sich kaum noch eine Vorstellung machen, welch ungeheure Schwierigkeiten zu überwinden waren, selbst dann noch, als ich für ortsfeste Zweitaktmotoren eine zuverlässige elektrische Zündung gefunden und ausprobiert hatte. Nicht umsonst hat Daimler von Anfang an Glührohrzündung angewandt, bis Ende der neunziger Jahre diese Zündungsart wegen ihrer Gefährlichkeit polizeilich verboten wurde.

Ich bin der letzte, der die großen Verdienste der Franzosen um die spätere Weiterentwicklung des Automobils in Abrede stellt. Aber bei aller Anerkennung dieser Verdienste um die weitere konstruktive Durchbildung muß es im Interesse der Wahrheit gesagt werden: Das Automobil ist keine französische, sondern eine deutsche Erfindung. Zu einer Zeit, wo die Kriegspsychose noch nicht die Geister verwirrte, hat ein hervorragender französischer Sachverständiger einen Satz ausgesprochen, welcher der historischen Wahrheit sehr nahe kommt. In seinem schönen Buche „Das Automobil in Theorie und Praxis" sagt nämlich Baudry de Saunier (vgl. auch S. 111):

„Die zwei großen, allerdings der Erfindung des Ingenieurs Lenoir viel verdankenden Praktiker, bei welchen sämtliche moderne Konstrukteure in die Schule gingen, sind zwei Deutsche: Benz und Gottlieb Daimler."

Daß bei den beiden Deutschen Benz und Daimler sämtliche Konstrukteure in die Schule gingen, ist richtig. Daß die beiden „großen Praktiker" der Erfindung Lenoirs viel verdanken, ist dagegen ein Irrtum, der richtiggestellt werden muß. Denn die Lenoirmaschine war, wie gesagt, nie geeignet, als Wagenmotor dienen zu können. Es waren ebenfalls zwei Deutsche, welche die hierzu erforderliche Grundlage nicht nur theoretisch schufen, sondern praktisch durchbildeten: Nicolaus Otto und Christian Reithmann, die Schöpfer des Viertaktmotors. Die Grundlage! Denn daß der ortsfeste Otto=Motor mit seinem für Fahrzwecke geradezu ungeheuren Gewicht, mit seiner geringen Umdrehungszahl, mit seiner Abhängigkeit von der Gasanstalt usw. noch kein Wagenmotor war, ist selbstverständlich und bedarf keiner Kasuistik.

Daß ich jahrelang bei Otto in der Deutzer Gasmotorenfabrik gearbeitet haben soll — wie da und dort in der Literatur behauptet wird —, entspricht nicht den Tatsachen. Überhaupt scheint mir Wahrheit und Dichtung auch in der Geschichte der Technik gelegentlich eine Rolle zu spielen.

Erst am Feierabend meines arbeitsreichen Lebens habe ich Muße und Gelegenheit gefunden, mich ein bißchen in der Geschichte umzusehen und mir das zu Gemüt zu führen, was alles geschrieben worden ist über die Erfindung des Kraftwagens. Und da muß ich sagen: Frau Sage fängt an, in die Leinwand meines Arbeits= und Lebensbildes mit leisen Fingern falsche Fäden einzuweben. So habe ich z. B. nichts davon gewußt, daß ich ein „Arbeitsgenosse" von Daimler war. In der Deutzer Gasmotorenfabrik sollen Daimler und ich für die Erbauung von Gasmaschinen begeistert gewesen sein. Anerkennung hätten wir aber mit unserer Kraftwagenidee weder bei Otto, dem Erfinder der Gasmaschine, noch bei seinem Teilhaber Langen gefunden. Da keiner der beiden Chefs an die Verwirklichung unserer Pläne herantreten wollte, hätten wir die Konsequenzen gezogen und die Fabrik verlassen, der eine, um sich in Cannstatt, der andere, um sich in Mannheim selbständig zu machen.

Aus was für einer Quelle der Berichterstatter diese Neuigkeit schöpfte, weiß ich nicht. Jedenfalls war ich nie in Deutz, war nie und nirgends „Daimlers ehemaliger Arbeitsgenosse".

Bekanntlich hat der Amerikaner Henry Ford, dank seines starken Organisationstalents, den Kraftwagen wirtschaftlich ausgewertet wie niemand auf der Welt. So interessant auch in Fords Buch „Mein Leben und Werk" seine Ausführungen über Arbeitsdifferenzierung, über das „Taylorsystem", über das „Prinzip der Dienstleistung" usw. sind, in der Schilderung des historischen Automobilwerdeganges ist ihm ein Irrtum unterlaufen, auf den ich aufmerksam machen will, damit er nicht in die Annalen der Geschichte übergeht.

Ford erzählt zunächst, daß er 1892/93 seinen ersten, 1896 seinen zweiten Wagen baute und fährt dann wörtlich[1]) fort: „Inzwischen hatten sich auch andere in Amerika und Europa an den Automobilbau herangemacht; schon 1895 erfuhr ich, daß ein deutscher Benzwagen bei Machs in Neuyork ausgestellt war. Ich fuhr eigens hin, um ihn mir anzusehen, aber er hatte nichts, was mir besonders auffiel."

Was mich betrifft, so baute ich 1884/85 — also acht Jahre vor Ford — meinen ersten Wagen, nahm 1888 mehrere amerikanische Patente auf die ersten Ausführungsformen des Automobils und lieferte Anfang der neunziger Jahre die ersten Wagen nach den Vereinigten Staaten und nach Mexiko. Ob und wie weit das Wort „inzwischen" bei dieser Sachlage vom historischen Standpunkte aus am Platze ist, möchte ich dem Urteil des Lesers überlassen.

Ein anderer Schriftsteller schreibt mir die Ehre zu, ums

---

[1]) Deutsche Ausgabe von C. Thesing 5. Aufl. S. 39.

Jahr 1855 in Mannheim mit einem Kraftwagenmotor hervorgetreten zu sein, der mit Knallgas und elektrischer Zündung betrieben wurde. Der Motor hätte allerdings nur mangelhaft funktioniert! Glaub's wohl! Denn ich war damals gerade elf Jahre alt. Ob das Knallgasexperiment in meinem Versuchsstübchen zur Gymnasiastenzeit (vgl. 14) oder meine späteren Zündungsversuche an Motoren mit Phosphorwasserstoff zur Auskristallisation dieses Jugendmärchens Veranlassung gegeben hat, wer kann's wissen!

Solche und ähnliche Legendenbildungen nehme ich indessen nicht übel; denn ein gerütteltes Maß der Schuld muß ich auf meine eigene Rechnung setzen. Die meisten der vielen Anfragen über meinen Lebensgang und mein Lebenswerk habe ich unbeantwortet gelassen, weil ich nicht immer und immer wieder die gleichen Schreibarbeiten wiederholen wollte. Nur wenn die Herren von der Großmacht der Druckerschwärze mich persönlich in dem Tuskulum meiner Werkstätte überfielen, habe ich Rede und Antwort gestanden. So mag es gekommen sein, daß bei der mündlichen Überlieferung Lücken entstanden, die dann später von anderer Seite im kühnen Schwung der freischaffenden Phantasie ergänzt wurden.

Und da lese ich in einem Lexikon der Technik den merkwürdigen Satz: „Benz-Mannheim hat zwar um dieselbe Zeit auch angefangen, Automobile zu bauen, doch ist nicht bekannt, inwieweit dieser Erfinder unabhängig von Daimler arbeitete."

Ich habe Daimler in meinem ganzen Leben nie gesprochen. Einmal sah ich ihn in Berlin von weitem. Als ich näher kam — ich hätte ihn gerne persönlich kennengelernt —, war er in der Menge verschwunden.

Wer übrigens unsere ersten motorgetriebenen Fahrzeuge kennt und gesehen hat, der muß sofort zur Überzeugung kommen, daß wir ganz verschiedene technische Wege zur Lösung des Problems einschlugen, jeder selbständig und unabhängig vom anderen. Daimler baute einen Motor mit **Glührohrzündung** und **Luftkühlung** ein in ein **Zweirad mit "pendelartig federnden Balancierrollen"** und später auch in eine deichsellose Pferdedroschke. Ich baute einen Motor mit **elektrischer Zündung** und **Wasserkühlung** in einen dreiräderigen **Wagen für mehrere Personen** ein.

Auch der Zeitpunkt, an dem wir mit unseren Motorwagen auf der Straße zuerst öffentlich auftraten, beweist, daß man wahrheitsgemäß die Unabhängigkeit meiner Erfindung nicht in Frage stellen darf. Ich stelle die Notizen, welche die Tagespresse über die ersten öffentlichen Versuchsfahrten gebracht hat, zum Vergleich nebeneinander:

Daimler-Wagen:	Benz-Wagen:
Nr. 193 Schwäbische Chronik S. 148.	Neue Badische Landeszeitung vom 4. Juni 1886.
Donnerstag, den 16. August 1888.	
... Dermalen[1]) werden die Versuche ausgedehnt auf ein Straßenfuhrwerk, eine Droschke; sie fahrt ohne Pferd und ohne Deichsel...	„Für Veloziped-Sportfreunde dürfte es von hohem Interesse sein zu erfahren, daß ein großer Fortschritt auf diesem Gebiete durch eine neue Erfindung, welche von der hiesigen Firma Benz & Co. gemacht, zu verzeichnen ist." ... (Folgt Beschreibung des Motorwagens.)
Nr. 251 Stuttgart Neues Tagblatt 25. Oktober 1888 Stadt und Land S. 2.	Nr. 326 Morgenblatt der Neuen Badischen Landeszeitung vom Samstag, den 3. Juli 1886. Stadt und Land.
Cannstatt, 23. Oktober. Mit einem viersitzigen eleganten Wagen,	Ein mittels Ligroingas zu treibendes Veloziped, welches in der

[1]) alter Kanzleistil = jetzt

Daimler-Wagen:	Benz-Wagen:
an welchem der Daimlersche Dampfmotor angebracht war, wurden heute mittag Probefahrten durch mehrere Straßen der Stadt gemacht, an welchen sich Polizeirat Hilbert und Regierungsbaumeister Kölle beteiligten. Dem Vernehmen nach sollen demnächst auch in einigen verkehrsreichen Straßen Stuttgarts mit einem Wagen, an dem noch weitere Sicherheitsvorrichtungen angebracht sein werden, Fahrten unternommen werden.	Rheinischen Gasmotorenfabrik von Benz & Co. konstruiert wurde und worüber wir schon an dieser Stelle berichteten, wurde heute früh auf der Ringstraße probiert und soll die Probe zufriedenstellend ausgefallen sein. Generalanzeiger der Stadt Mannheim und Umgebung, vom Sonntag, den 5. Sept. 1886. Straßenwagen mit Gasmotorenbetrieb. Wir haben schon früher mitgeteilt, daß (vgl. S. 75) .... Es soll dieses Fuhrwerk nicht gerade den Zweck und die Eigenschaften eines Velozipeds haben, mit dem man eine Spazierfahrt auf ebener, gut unterhaltener Landstraße macht, sondern es soll als Fuhrwerk dienen, das einem Bernerwägelchen oder ähnlichen Vehikel gleicht, mit dem man nicht nur jeden halbwegs anständigen Weg befahren kann, sondern auch mit Überwindung größerer Steigungen entsprechende Lasten befördern kann und soll z. B. ein Geschäftsreisender mit seinen Mustern von Ort zu Ort ohne Anstand damit fahren können.

Der Vergleich ergibt, daß mein Motorwagen reichlich zwei Jahre früher der Öffentlichkeit vorgeführt wurde wie die Daimlersche Motordroschke.

Was das Daimlersche Motorrad¹) anlangt, so wurde nach einer Notiz aus Heft 9 der "Gartenlaube" vom Jahrgang 1889 "der erste erfolgreiche Versuch mit dieser Fahrmaschine am 10. November 1886 in Cannstatt angestellt" — also auch nicht vor dem 3. Juli 1886.

Ich sage das nicht, um irgendwelche Prioritätsrechte auf das Motorrad geltend zu machen. Im Gegenteil! Ich gestehe ganz offen, daß ich auf Grund der Erfahrungen mit meinem früher benutzten Fahrrade — dem Knochenschüttler vom Jahre 1867 (vgl. S. 25) — ein motorgetriebenes Zweirad für ein ganz unmögliches Fahrzeug angesehen hätte.

Heute, wo wir die großen Entwicklungslinien des Automobilismus ihrer ganzen Länge nach überschauen können, dürfen wir stolz darauf sein, daß es zwei Deutsche waren, die der Menschheit das erste Motorrad schenkten: Daimler und Maybach, deren schöpferischem Schaffen die Welt auch sonst viele wesentlichen Fortschritte in der Entwicklung des Automobils verdankt.

Dagegen darf ich ohne Selbstüberhebung Anspruch darauf machen, daß ich den ersten betriebsfähigen Motorwagen mit elektrischer Zündung, mit Wasserkühlung und Ausgleichsgetriebe (Differential) zur Beförderung von mehreren Personen baute und ihn zuerst öffentlich vorführte. Das Patent auf mein "Fahrzeug mit Gasmotorenbetrieb zur Beförderung von 1—4 Personen" wurde mir erteilt am 29. Januar 1886 (D. R. P. Nr. 37 435).

---

¹) Das Patent Nr. 36 423 vom 29. August 1885 bezieht sich nur auf das (einspurige) Motorrad und den Motorschlitten, nicht aber auf "Kutschen, Boote und Luftfahrzeuge aller Art", wie schon fälschlicherweise angegeben worden ist.

Abb. 44. Im 25. Lebensjahr

Abb. 45. Im 80. Lebensjahr

Abb. 46. Auf dem „Viktoria" beim historischen Korso anläßlich der Jubiläumsfeierlichkeiten des Allgemeinen Schnauferl-Clubs zu München, Juli 1925

Der 80. Geburtstag

So ist es eben im Leben!

Je höher man hinaufsteigt, desto einsamer, stiller und kälter wird es um einen her. Einige von denen, welche die Höhenwanderung mitmachen wollten, sind schon unten zurückgeblieben, als es noch über die blumigen Wiesenhänge der Kindheit und Jugendzeit ging. Viele kamen nicht mehr mit, als die Wege steil und steinig über Felsenwände kletterten. Und für die allermeisten wurden die höher gelegenen, wild zerklüfteten Karrenfelder zu den „Gottesackerplateaur" ihres Lebens. Die höchsten Spitzen und Zacken und Grate erreichen nur ganz wenige. Daher ist es auch da oben auf den Firnhöhen so einsam, still und kalt. Und man muß froh sein, wenn man wenigstens noch einen trifft von den Vielen, die einst mit roten Pausbacken oder sonst einem Floribus aus dem Jugendgärtlein mit einem am Start des Lebens standen. Ich schaue mich um, ringsum! Aber ich sehe keinen einzigen mehr aus meinem Jugendland. „Vergebens spähe ich umher, ich finde ihre Spur nicht mehr!" ...

Doch da kommt einer in Vertretung unseres einstigen Primus zur Pennälerzeit, in Vertretung meines lieben Freundes Geh. Oberregierungsrat L. Es ist sein Schwiegersohn, Oberlandesgerichtsrat W. Er schreibt:

... „Mein Schwiegervater, Ihr Schulkamerad, kann Ihnen ja seine Glückwünsche leider nicht mehr aussprechen; wie Ihnen wohl bekannt geworden sein wird, ist er im Dezember 1919 hier gestorben. Er hat seine Jugendfreunde bis zuletzt im Herzen getragen." ...

Nie tritt die Vereinsamung so schmerzlich in den Brennpunkt der Erinnerung, als an großen Gedenktagen, wie z. B. der 80. Geburtstag einer ist. Das muß wohl der Grund dafür sein, daß das achtzigjährige Geburtstagskind gern und zuerst nach den Glückwunschschreiben der Achtzigjährigen greift. Auch an mich dachte einer an meinem 80. Geburtstage, zwar keiner aus dem Jugendland, aber doch ein Achtzigjähriger aus den Mannheimer Bekanntenkreisen. Es war der liebe getreue Nachbar meiner ersten Werkstätte. Der alte Hufschmied schreibt:

„Ich erinnere mich ganz gut, als Sie vor ungefähr 40 Jahren mir sagten, Herr F., ich muß Ihnen in Ihr Handwerk pfuschen. Ich sagte, und worin besteht das? Da sagten Sie, daß man keine Pferde mehr braucht. Ich gab Ihnen wieder zur Antwort: Lieber heut wie morgen, denn wenn das Pferd beschlagen war, ist mein Geld mit 'nausgelaufen."

Was der alte Mannheimer Nachbar da schreibt, ist richtig. Er hatte ein zu gutes Herz, und viele, die sich die Pferde beschlagen ließen, vertrösteten den braven Meister auf „Gotteslohn".

Daß ich damals schon das Ende der „Pferdeepoche" prophezeite, zeigt zum mindesten, wie stark der Glaube an die kulturumwälzende Bedeutung meiner Erfindung war. Heute, wo mehr als 21 Millionen Automobile in der Welt herumfahren und der Lastwagen in scharfem Vorstoß das zu teuer gewordene Pferd als Zugtier mehr und mehr verdrängt, ist der Tag nicht allzu schwer zu berechnen, wo mein Prophetenwort restlos in Erfüllung geht. Dann wird man das Roß des Sonntagsreiters wie ein lebendig gewordenes Fossil aus einer früheren Zeitepoche genau so lächelnd bewundern, wie man einst mich und meinen Wagen lächelnd anstaunte und bewunderte — als kämen wir aus Tausendundeiner Nacht.

Ein kleiner Zauberer ist so ein 80. Geburtstag. Was längst schon vergessen und verklungen schien, das zaubert er wieder hervor. Man hört läuten! Und es klingt wie das

Glockengeläute an einem Pfingstmorgen draußen auf einsamer Anhöhe, wenn von den Türmen der nahen Dorfkirchen und der entfernten Stadtdome die Töne sich suchen und finden zu einem einzigen harmonischen Festakkord. Ja, an solchen Tagen läutet die Erinnerung mit allen Glocken. Aus jedem Telegramm und aus jedem Briefe — und ich erhielt zu meinem 80. Geburtstage deren mehrere Hunderte aus dem In- und Auslande — klingt und singt eine andere Erinnerung. Ich bin zu lange im Kampf gegen veraltete Zeitmeinungen und öffentliche Vorurteile in vorderster Feuerlinie gestanden, als daß ich mir aus äußeren Ehrungen und Auszeichnungen je viel gemacht hätte. Und der liebste Titel war mir immer der, den mir meine Eltern einst selbst in die Wiege legten. Aber trotz dieser „Immunität" haben die vielen Geburtstagsgrüße, die zwei Tage lang über meinen „Geburtstag" niederrauschten, eine herzhafte Freude ausgelöst — wie brennende Lichtlein am Weihnachtsbaum. Fast jeder Geburtstagsgruß hat wieder ein neues Lichtlein der Erinnerung aufgesteckt und es an einer andern Stelle meines langen Lebenswegs aufleuchten lassen. Da sind zunächst meine einstigen „Lehrbuben", die heute als tüchtige Meister, Chauffeure und Direktoren glückwünschend zu ihrem alten Lehrmeister kommen.

... „Mir ist es ein Bedürfnis, Ihnen bei dieser Gelegenheit in Liebe und Verehrung zu sagen, wie außerordentlich glücklich ich mich schätzte, unter Ihrer Führung meine Lehrzeit im Hause Benz verbringen zu können, waren Sie doch auch mir stets ein leuchtendes Vorbild von Arbeitswille und Arbeitseifer." ... (Direktor B.)

Von den Zuschriften aus Arbeiter- und Mitarbeiterkreisen in prosaischer und poetischer Form haben mich die am tiefsten gerührt, die gleichsam aus dem Grabe kommen:

„Überzeugt, im Sinne eines lieben Toten, meines verstorbenen

Vaters zu handeln, gestatte ich mir, Ihnen, hochverehrtester Herr Doktor, zu Ihrem achtzigsten Geburtstage aufrichtigste Glückwünsche ehrerbietigst zu übersenden.

Mögen Ihnen neben den großen Erfolgen Ihrer Arbeit dankbare Gesinnung aus den Kreisen Ihrer einstigen Mitarbeiter an Ihrem Lebensabende besondere Genugtuung sein.

Lebhaft erinnere ich mich so mancher Erzählung der Begebenheiten aus den Tagen Ihrer ersten Versuche aus dem Munde meines verstorbenen Vaters, und noch heute weiß mir meine Mutter von Ihrem zähen, rastlosen Arbeitseifer, aber auch von Ihrem braven Herzen und Ihrer allzeit freigebigen, offenen Hand zu berichten.

Und wenn ich heute mich mit einer Bitte an Sie, verehrter Herr Doktor, heranwage, jene Zeit der Mühseligkeiten, der Erfolge und Mißerfolge aus den achtziger Jahren doch der Nachwelt durch Ihre berufene Hand bleibend zu übermitteln, so tue ich es im Hinblick auf unsere Zukunft, die Beispiel braucht der selbstlosen, zähen Hingabe an die Sache, des ungebeugten unentwegten Arbeitswillens.

Das wird vielen ein Ansporn sein und uns so wieder einer besseren Zukunft entgegenführen."

Dr. W. S.

Es ist richtig. Wer so wie ich seinen Weg machte, Stürmen und Unwetter zum Trotz, wer von der Pieke auf diente, der hat für die Freuden und Leiden des Arbeiters ein natürlicheres Verständnis als mancher andere, der Not und Sorge in den ärmeren Volkskreisen nur vom Hörensagen kennt. Jeder rechte Arbeiter hatte an mir die beste Stütze. Für jeden setzte ich mich restlos ein, wenn aus irgendeinem Grunde die Gefahr der Entlassung drohte.

Das fühlten die Arbeiter. Und das mag auch der Grund sein, weshalb sie mich — allerdings nur unter sich und ohne daß ich jahrelang eine Ahnung davon hatte — den „Papa Benz" nannten. Aber wenn die Pfälzer das Wort Papa auch wie Baba aussprechen, so glaube ich doch, daß im Hinblick auf meine — keineswegs laxen — Erziehungsmaximen das Wort Papa mindestens mit einem harten P zu schreiben war.

Treue um Treue ist immer einer meiner wichtigsten Lebensgrundsätze gewesen. Treue um Treue — das zeigte sich auch in schöner Weise bei den Ehrungen, die mir anläßlich meiner Geburtstage gerade aus Arbeiterkreisen zuteil wurden.

Es gibt Auszeichnungen und Ehrungen, die einem so gleichgültig und kalt lassen, wie wenn ein Fremder flüchtig grüßt und vorübergeht.

Wenn aber der Benzsche Männerchor sich vor meinem Ladenburger Tuskulum aufstellte und das Lied anstimmte: „Das ist der Tag des Herrn", wenn dann im Anschluß an eine Rede schwielige Arbeiterhände mit dem Rufe: „Hoch, hoch!" sich in die Höhe reckten, dann war das ein Treugelöbnis, das mich allemal tief bewegte. Diese alte Anhänglichkeit übers biblische Alter hinaus muß wohl in einem anderen Nährboden wurzeln als in den himmelhohen Wolkenkuckucksheimen und grauen Theorien eines bolschewistischen Zeitalters.

Übrigens legte ich großen Wert darauf, daß die Arbeiter sich als lebendige Glieder eines einheitlichen, gemeinsamen Organismus fühlten. Keiner sollte im Notfalle seinen hilfebedürftigen Kollegen im Stiche lassen. Folgender aufregender Zwischenfall mag das im einzelnen dartun.

Es war frühmorgens, kurz nach sechs Uhr. Die Lampen brannten noch, als ich den Fabrikraum betrat. Da hörte ich, wie hinter einem Eisengestell zwei Männer schwer miteinander rangen. Sofort rief ich die Leute auf den nächsten Arbeitsplätzen zu Hilfe. Doch sie stellten sich taub und sahen nicht von der Arbeit auf.

Da trat ich näher und sah, wie ein baumlanger starker Mensch einen Meister an der Kehle hatte.

Ich bin von Natur aus kein Riese, aber in diesem Augenblick höchster Gefahr verlieh mir eine bis heute unerklärliche Macht Riesenkräfte. Wie mit eisernen Titanenarmen umschlang ich den Angreifer und drückte ihn in fester Umklammerung so dicht an mich, daß er — an die Wand gestellt — jeden weiteren Angriffsversuch aufgab.

Der Angreifer wurde entlassen und mit ihm auf der Stelle auch die zwei „Tauben". „Aber, Herr Benz, wir haben Frau und Kinder daheim, und das ist doch der gefährlichste Raufbold von der Welt", wenden sie ein. „Hilft nichts", sage ich. „Wer so wenig Nächstenliebe übrig hat, wo Menschenleben auf dem Spiele stehen, den sehe ich bei mir nicht gerne an der Arbeit. Sie sind entlassen."

Doch kehren wir zum 80. Geburtstag und zu seinen aufleuchtenden Lichtlein der Erinnerung zurück.

Es würde zu weit führen, auch nur anzudeuten, was geschrieben haben die Fabriken: Mohr & Federhaff (früher Schweizer), Rosé & Co., die Adlerwerke, die Bosch A.-G., die Rumplerwerke Berlin, Büssing-Werke, Continental Cautschuk- und Guttapercha-Company Hannover, Peters Union usf., die Mannheimer Handelskammer, der Präsident der Oberpostdirektion Karlsruhe und 350 Lehrlinge und Volontäre der Autobranche Hannover. Dagegen sei ein Teil des Glückwunschschreibens der Daimlermotoren-Gesellschaft Stuttgart-Untertürkheim wörtlich wiedergegeben:

Sie dürfen mit dem morgigen Tage auf achtzig Lebensjahre zurückblicken, die Ihnen neben rastloser Arbeit ein selten reiches Maß von Erfolgen gebracht haben. Sie konnten mit Stolz die gewaltige

Entwicklung Ihrer bahnbrechenden Erfindungen bis zum heutigen Tage erleben, die Entwicklung des Automobils zum Weltverkehrsmittel.

Statt der Glückwünsche der verschiedenen deutschen Automobilklubs sei wörtlich angeführt das Telegramm des Reichsverbands der Automobilindustrie Berlin:

„Zum achtzigsten Geburtstage senden wir unserem Ehrenmitgliede, dem weltberühmten Erfinder des Automobils, unsere verehrungsvollsten Glückwünsche. Möchte es unserm Jubilar noch lange Jahre vergönnt sein, das weitere gewaltige Erstarken der deutschen Automobilindustrie, deren Grundstein er durch seine geniale Erfindung gelegt hat, mitzuerleben."

Das Telegramm des Reichsverkehrsministers lautet:

„Dem Erbauer des ersten deutschen Kraftwagens aufrichtige Glückwünsche zum 80. Geburtstage."

In Liebe und Anhänglichkeit dachte ich zeitlebens an die Stadt zurück, wo ich meine Kindheit und Jugendzeit verträumte. Was der Oberbürgermeister der Landeshauptstadt Karlsruhe mir namens der Stadtverwaltung wünschte, mutete mich daher an wie ein letztes verglühendes Abendleuchten an meinem Kinderhimmel. Er schrieb unter anderem:

„Ihre Vaterstadt freut sich mit Ihnen, daß es Ihnen vergönnt war, das Werk Ihres Erfindergeistes zu so gewaltiger Größe und Bedeutung ausgereift zu sehen. Die großen Fortschritte der Technik verdanken Ihrer bahnbrechenden Erfindung mit ihre Möglichkeit. Sie durften außerdem die wohlverdienten Früchte Ihres industriellen Unternehmungsgeistes in schönen Erfolgen genießen. Die badische Landeshauptstadt nennt Sie mit Stolz ihren Sohn.

Möge Ihnen auch künftig noch ein angenehmer und sonniger Lebensabend beschieden sein."

Besondere Freude machte mir auch das Schreiben jener Schule, die mir einst das nötige wissenschaftliche Rüstzeug mitgab auf den Dornenweg des Erfinders. (Vgl. S. 18.)

„Zu Ihrem 80. Geburtstag stellt sich auch die Technische Hochschule Fridericiana unter den Glückwünschenden ein. Sie gibt ihrer Freude darüber Ausdruck, einem ihrer hervorragendsten Ehrendoktoren zu einem Tage Glück und Segen zu wünschen, der nur wenigen Sterblichen beschieden ist. Wir hoffen, daß Ihnen noch eine ganze Reihe von Jahren beschieden sein möge, sich Ihres Lebenswerkes, dessen Bedeutung weit über die Grenzen Ihres Vaterlandes hinausreicht, zu erfreuen. Es ist mir eine Ehre, dies im Namen der Technischen Hochschule Fridericiana als derzeitiger Rektor aussprechen zu dürfen."

Und ihr, ihr Studenten der Technischen Hochschule zu Hannover, wißt ihr denn, daß ein echtes Burschenherz mit 80 Jahren noch so jung sein kann, wie das eurige? Glaubt mir, wo Kommerslieder erklingen, da springen längst verschüttete Quellen wieder auf, und der Jubilar wird wieder jung, „so recht von Herzen froh, ein übermütiger Studio". Eure Geburtstagsgrüße — durch keinen Geringeren übermittelt, als durch euren Professor auf dem Lehrstuhl für Kraftwagenbau, haben viele liebe Erinnerungen aus meiner eigenen Studentenzeit wachgerufen. Werdet tüchtige Ingenieure! Denn die Ingenieure — nicht die Philosophierer und Zungenakrobaten — sind die Bahnbrecher einer besseren Zukunft. Euer Lehrer, Geh. Regierungsrat Prof. Troske schreibt:

„Als langjähriger Dozent für Kraftwagenbau ist es mir alljährlich im Abschnitt ‚Geschichte des Automobils' eine besondere Freude, Sie als den genialen Erfinder des Benzinkraftwagens meinen Hörern zu nennen und gleichzeitig diesen die Bauart Ihres ersten Wagens darlegen zu können, des Wagens, mit dem Sie bereits in den ersten Julitagen 1886, volle neun Monate vor Daimlers erster Ausfahrt, durch Mannheims Straßen gefahren sind.

Gestatten Sie mir darum, Ihnen zu Ihrem 80. Geburtstage meinen aufrichtigen Glückwunsch darzubringen. An Ihrem heutigen Ehrentage habe ich in der programmäßigen Vorlesung über Kraftwagenbau Ihrer gedacht, und meine Hörer haben dies in studentischer Weise beifällig begrüßt, sich also meinem Glückwunsch angeschlossen.

Möge ein gütiges Geschick Ihnen noch eine Reihe von glücklichen Jahren bescheren, in denen Sie in körperlicher Rüstigkeit und geistiger Frische die Weiterentwicklung der von Ihnen begründeten Automobilindustrie verfolgen können."

Kein vernünftiger Mensch wird es mir übel nehmen, daß ich in meinem biblischen Alter in der scharfen Kurve der Revolution steckenblieb und den Ranken nicht mehr fand hinüber ins gelobte Land mit dem neuen Boden „der gegebenen Verhältnisse". Tief empfunden und herzlich war daher auch die Freude über die Glückwünsche des Großherzogs Friedrich II. von Baden, des Prinzen Heinrich von Preußen und anderer Fürstlichkeiten.

Ich gebe es gerne zu: Die vielen Glück- und Segenswünsche aus allen Schichten des Volkes von Kapstadt bis Stockholm hatten für den einst verspotteten und verkannten Erfinder viel Versöhnliches. Mochten aber auch Liebe und Erinnerung mit allen Glocken läuten, ich weiß es nur zu gut — es ist ein Abendläuten.

Mag es verzittern und verklingen — eines fühle ich heiß: Die Liebe zum Erfinden höret nimmer auf. —

Sportsfreuden

Früh schon habe ich das Schwimmen gelernt — so früh, daß die fürsorgliche Mutter noch nichts von meinen Schwimmexperimenten wissen durfte. Eines Tages wollte ich mir aber doch die offizielle Erlaubnis für meine Schwimmerfreuden einholen. Auf meine Frage: „Mutter, darf ich schwimmen gehn", erwiderte sie: „O nein! Erst mußt du das Schwimmen lernen, die Schwimmprobe ablegen und mir dann die Bescheinigung vorlegen." Jetzt war es an mir, sämtliche Register zu ziehen und mit allen Orgelpfeifen meiner Beredsamkeit die ängstliche Mutter von meiner Schwimmkunst zu überzeugen. Ich rechnete so: Der Schwimmunterricht kostet zwei Kronentaler.

Wie schade, daß die sonst so sparsame Mutter dieses Geld zum Fenster hinausschmeißt, wo ich es doch so gut zum Kaufen von Nägeln, Schrauben und Handwerkszeug für meine Werkstätte brauchen könnte!

Doch alle Orgelpfeifen waren nicht so stark wie die Willenskraft der Muttersorge. Ich mußte mich in mein Schicksal fügen und kam mir vor wie einer, der das Gehen lernen soll und doch schon galoppieren kann. Auf dem Wege zur Schwimmschule zog ich den alten Menschen aus und zog einen neuen Menschen an. Das heißt, ich nahm mir vor, zunächst die Rolle des Nichtschwimmers zu spielen, damit der Instruktor nicht umsonst zu seinen Kronentalern kommen sollte. „Kannst du schon ein bißchen schwimmen? Komm her, ich will dich an die Leine nehmen", sagte der Instruktor. Als er meine ersten Schwimmversuche sah, meinte er: „Du kannst sogleich die Probe ablegen." Das war es aber gerade, was ich nicht machen wollte. Am dritten Tage mußte ich schließlich doch die Probe ablegen.

Nachdem ich eine halbe Stunde anhaltend geschwommen war und aus einer Tiefe von drei Metern Sand vom Grunde heraufgeholt hatte, bekam ich die Bescheinigung ausgehändigt. Dann aber würgte ich langsam die zwei Kronentaler aus meiner Hosentasche heraus. —

Größer noch als die Sommerfreuden im Wasser waren für mich die Winterfreuden auf dem Wasser — auf dem spiegelglatten Eise. Leidenschaftlich gern fuhr ich Schlittschuh, von meinen Bubenjahren an bis ins hohe Greisenalter hinein. Noch als Siebzigjähriger zeichnete ich mathematische Kurven auf die glatte Fläche blendender Leinwand mit einer Eleganz, daß die Jungen stillstanden und den bogenschlagenden Alten bewunderten. Erst als der Arzt in der Sorge um meine spröden Knochen mir das Kreisen auf dem Eise ernstlich untersagte, legte ich wehmütig die eisernen Schuhe für immer ab. Die geliebten Schlittschuhe! Mein ganzes Leben lang bin ich nur auf diesem einen Paar gefahren, und das hatte ich mir in meinen jungen Jahren selbst gemacht. Dieses technische Meisterwerk meiner Bubenhände zeigte eine eigene Konstruktion, die — wie alle meine späteren Maschinen-Konstruktionen, die Sicherheit als höchstes Ziel im Auge hatte. Durch Einschrauben in den Absatz von unten her konnten die eisernen Schienen so fest mit dem Schuhwerk verbunden werden, daß ein Loslösen und Abgleiten ein Ding der Unmöglichkeit war.

Vom Schleifen auf dem Eise bis zum Schleifen auf dem Parkett ist nur ein kurzer Schritt. Tanzen, tanzen, das Wiegen und Wenden, das Drehen und Schleifen in taktvollem Rhythmus war für mich immer wie ein Lustwandeln unter den berauschenden Klängen schöner Musik. Wenn es ein Kriterium für die „Alten" ist, daß sie teilnahmslos abseits stehen, wenn die junge Welt den Freuden der Bewegung huldigt, dann bin ich, der Achtzigjährige, noch jung wie einer, der die Fuchsenmütze schwingt. Der Arzt hat mir den Eislauf verboten. Kein Arzt wird mir das Tanzen verbieten dürfen. Wo man tanzt, da werde ich mittanzen, solange mich die Beine tragen, solange mein Herz noch hüpft und fröhlich ist. Das Walzern ist so schön, daß ich es am liebsten mit Koschats Pfarrer halte: „Selbst der Pfarrer patscht in d'Händ!" —

Daß ich Radlerfreuden schon genossen habe zu einer Zeit, wo die Menschheit die Tretmaschine noch mit Hohn und Spott ablehnte, habe ich schon Seite 25 erzählt.

Wenn ich zurückschaue auf alle meine Sportsfreuden und Sportsliebhabereien, so finde ich wunderlicherweise, daß sie alle miteinander auf einen Strahlungspunkt zulaufen. Und dieser Strahlungspunkt heißt: Fortbewegung. Ihren Gipfelpunkt aber erreichte die Freude an der Fortbewegung in der Erfindung des „Selbstbeweglichen" — des Automobils. Wie eine Sonne leuchtete dieses Problem in mein Leben hinein.

Münchener Jubeltage

Gar oft schon habe ich im Stillen gedacht oder es in müder Resignation ausgesprochen: „Mein Wagen steht jetzt im Deutschen Museum in München, ich werde ihn nie mehr sehen in meinem Leben." Wer seine Last Jahre auf dem Rücken trägt, der entschließt sich nicht mehr so leicht zu einer größeren Reise und zu einem längeren Aufenthalt im Hotel. Als aber die alten „Schnauferlbrüder" kamen und mich in allen Variationen zum Münchener Schnauferlfest einluden, da gab es plötzlich keine Bedenken des Alters mehr — da stand es in mir fest: Ich reise.

„Schnauferl," wird der gen. Leser denken, „was ist denn das?" Der Name Schnauferl stammt noch aus der Zeit, wo es auf der Legitimationskarte des Motorwagens von Spitznamen wimmelte.

Was der Pariser als „Töff-Töff" begrüßte, das nannte der Rheinländer „Rappelkasten". Und was der Berliner „Heuldroschke" taufte, das war beim Wiener und Münchner das Schnauferl. Es gibt wohl keinen Täufling, dem man so viele Spottnamen schon in die Wiege legte, wie dem Motorwagen. Und wenn der Deutsche bei der Festlegung eines den Begriff umschreibenden, vernünftigen Namens ebenso erfinderisch gewesen wäre wie im Erfinden von Spitznamen, dann brauchte der Motorwagen heute nicht als „Automobil" auf der Welt herumzulaufen.

Vor etwa einem Vierteljahrhundert war's. Da sproßten die Auto-Klubs wie Pilze aus der deutschen Erde.

Den Anfang machte der „Bayrische Automobilklub" unter Führung von Herrn Prof. Poehlmann und Herrn Oertel (14. I. 99). Auch bei den Klubgründungen bewahrheitete sich das Sprichwort: „Aller Anfang ist schwer." Zwei ganze Automobile — es waren zwei Benzcomfortables — nannte der neugebackene Klub sein eigen.

Bald darauf (15. IV. 99) gründete mein Sohn Eugen den „Rheinischen Automobilklub" (mit 60 Mitgliedern), dessen langjähriger Präsident er war. Diese, sowie alle anderen im Jahre 1899 gegründeten Automobilklubs hatten in erster Linie sportliche Interessen im Auge. Ganz anders der Schnauferlklub, der am 18. Juni 1900 von Herrn Gustav Braunbeck, Sportschriftsteller und Verleger, jetzt Berlin, von Herrn Fritz Held, Mannheim, u. a. gegründet wurde. Schon das Wort „Schnauferl" deutet an, daß in diesem Klub Frohsinn und Freude daheim war, fast so, als hätten die Schnauferlbrüder das Wort Humor in goldenen Lettern auf ihr Vereinsbanner geschrieben.

Und nun standen die großen Tage des Silberjubiläums unseres „Allgem. Schnauferlklubs" vor der Türe. Welcher Ort wäre zur Abhaltung des 25jährigen Jubiläums geeigneter gewesen als die Stadt, die das „Deutsche Museum" schuf und in diesem Jahre im Zeichen der Verkehrsausstellung stand?

Das deutsche Museum! Was ich da unter der liebenswürdigen Führung seines Leiters auf einem mehrstündigen Rundgang habe schauen und genießen dürfen, ist für einen Mann, dessen letzter Herzschlag der Technik gehört, einfach überwältigend. Dieser überwältigende Eindruck erinnerte mich unwillkürlich an eine kleine, aber wahre Geschichte.

Ich habe einen Enkel, der in seinem Leben mit nichts anderem spielte als mit selbstgemachten Lokomotiven und mit selbstverfertigten Autos. Den nahm seine Mutter einmal mit in eine der schönsten Barockkirchen Deutschlands. Unter dem mächtigen Eindruck wirft der Kleine die Frage auf: „Warum stellt man so viele Altäre und schöne Säulen in dieses Haus herein?" Antwort: „Das Höchste, was menschliche Kunst zuwege bringt, stellt man in die Kirchen, um Gott zu ehren." Da frägt der Vierjährige weiter, in vorwurfsvollstem Tone: „Ja, warum stellt man denn dann keine Lokomotiven hinein und Autos?"

Hier, im Deutschen Museum, haben wir den Dom mit den Lokomotiven und Autos und allen technischen Errungenschaften! Es ist nicht ein Dom zur höheren Ehre Gottes, aber es ist ein Dom zur Ehre des ewig sinnenden, ewig erfindenden und gestaltenden, ewig vorwärtsdrängenden Menschengeistes.

Die Vierteljahrhundertfeier war nicht nur ein Fest der Freude und des Wiedersehens, es war auch ein Fest der historischen Rückerinnerung. Ein Markstein am Wege der verkehrsgeschichtlichen Entwicklung sollte die Feier werden. Daher regte Herr Fritz Held, Mannheim, einen historischen Korso an. Man rief nach den Ahnen der Vergangenheit und Vergessenheit. Und siehe da, sie kamen. Im historischen Korso in Reih' und Glied gestellt, wurden sie wieder munter und sangen ihr Töff-Töff vor Freude. Selbst mein erster Wagen wurde — auf meine persönliche Bitte hin — aus der Haft des Deutschen Museums für einige Stunden entlassen und mußte sich an die Spitze der Ahnenreihe des Motorwagens stellen und — laufen. Jawohl! Er lief noch und lief tapfer, immerzu. Wie staunte der alte Wagen, vor vierzig Jahren verspottet und verlacht, als der brausende Jubel von zehntausenden von Menschen über ihn hinwegrauschte! Doch ich will die Schilderung des Eindruckes, den der historische Korso — diese zum Leben erwachte Ahnenkunde des Motorwagens — auf die Menge machte, einem Zuschauer überlassen. Der Berichterstatter der Münchener Zeitung schreibt:

Was die Tausende und Abertausende, die, dicht gedrängt, die um die nördliche Theresienwiese sich schlingenden Straßen säumten, am

Sonntagvormittag sahen, das hat die Welt noch nicht gesehen und wird es nicht mehr sehen, ganz einfach, weil die Schaugegenstände, die Wagen, kaum jemals wieder in dieser historischen Vollständigkeit zusammenzubekommen sind. Man sah automobile Vehikel ratternd daherkrauchen und dahinter surrend mit unterdrücktem Donnergeroll die allermodernsten hundertzwanzig- und zweihundertpferdigen Rekordwagen der Adler-, Stoewer-, Benz-, Mercedeswerke, sah den Mercedes-Siegerwagen der Targa und Coppa Floria 1924, gesteuert von dem Sieger Christian Werner, den Audi-Siegerwagen, den N.A.G. Monzawagen, modernste Tropfen- und Stromlinienwagen (Rumpler, Benz, Apollo, Dixi, Selve). Man sah nicht nur Maschinen, Motore, Wagen, sondern man sah auch ihren noch lebenden Herrn und Meister, den eigentlichen Schöpfer des Kraftwagens, Dr. Karl Benz, den 81jährigen Erfinder, neben seinem steuernden Sohn Eugen auf einem seiner ersten Automobile. Man sah das für diesen Tag aus dem Deutschen Museum geholte, 1883 von Benz erdachte erste Benzin-Automobil der Erde, sah die ersten von Benzens Zeitgenossen Daimler erbauten Daimlerwagen, die frühesten Mercedes-, Stoewer- (gesteuert von Generaldirektor Emil Stoewer), Opel-, Adler-, Dixi-, den Maurer-Unionwagen, das von Daimler konstruierte erste Motor-Niederrad der Erde, sah das in München geistig geschaffene älteste serienmäßig gebaute Motorzweirad und dicht dahinter ein in Frankreich nach deutschem Patent gebaute Phöbus-Aster-Dreirad und das Motorzweirad der N.S.U.-Werke. Man sah und — lachte. Wie stotterten sie verlegen daher, weil man sie aus der Verschollenheit geholt hatte, diese vergangenen Pioniere und nunmehrigen Invaliden des Kraftwagenseins! Und wie taten sie dennoch, knackend und knarrend die alten Glieder regend, so brav noch einmal — wohl das letzemal! — ihre Pflicht, wie fuhren sie zwar mühsam-asthmatisch, aber sie fuhren, den Berg der Theresienhöhe hinauf! Sie forderten kein Mitleid, sie fuhren tapfer und stolz. Man lachte und staunte, und plötzlich mischte Ehrfurcht sich in das Lachen. Auch diese heute schon gebrechlichen, in der Form komisch anmutenden, bisweilen verstümmelten Kutschen, Bauernschäserln, Stellwagen gleichenden Wagen waren doch schon Automobile, Kraftwagen, die das Pferd verdrängten, ersetzten, die tierische Kraft zuschanden machten! Ja, Lachen, Ehrfurcht und Begeisterung weckte dieser Korso, an dem mancher berühmte Konstrukteur, Erfinder, Erzeuger teilnahm, mancher ruhmgekrönte Fahrer. Die deutschen Automobilkönige zogen in diesem Korso durch unsere Stadt. Welche Gefühle mochten den alten Dr. Benz ergriffen haben, als er auf seinem einst selbstkonstruierten Gefährt an der Spitze aller fuhr, die in emsigem Wettbewerb in der Verfolgung seiner Gedankengänge seine Nachfolger und Konkurrenten geworden waren? Das Publikum, unter dem sich auch die Prinzen Ludwig Ferdinand und Alfons, Staatssekretär v. Frank, Oberpostrat Dr. Janker, Bürgermeister Dr. Küfner, Stadtrat Kommerzienrat Rosa sich befanden, bereitete, als es bekannt wurde, daß der bescheiden auf dem alten Wägelchen sitzende, rüstige Greis mit der Schirmmütze Altmeister Benz sei, dem Erfinder lebhafte Huldigungen.

Auch das Jubiläums=Festessen stand ganz im Zeichen des Automobils. Die Speisekarte („PS=Karte mit 1—5 Gängen und einem Rücklauf") verhieß dem hungrigen Schnauferlbruder: Start=Zubehör, Autler=Schläue, Töff=Töff=Filet, überfahrene Gans und weiß Gott was alles noch mehr. Ist es schon nicht leicht, von einem reichhaltigen Festessen alles im Gedächtnis zu behalten, so ist das noch viel schwerer von einer reichhaltigen Festrede. Ich muß mich daher auf den Berichterstatter der „Münchener Neuesten Nachrichten" verlassen. Der schreibt:

Der Vorsitzende des Münchner Festausschusses, Kommerzienrat Baumgärtner, erinnerte in seiner Ansprache an die Gegnerschaft, die das Automobil gefunden, und an seinen Siegeszug durch die Welt; er zeigte die Stadt München als die Mittlerin geistigen und künstlerischen Fortschritts, als die Stadt, in der jeder Wohlgesinnte allezeit guten Hort findet. Besonders begrüßte er den Ehrenpräsidenten, das Präsidium und den vielberühmten Vater Dr. Benz, der zum letzten Male im Jahre 1888 in München weilte, sein epochemachendes Auto im 6=km= Tempo fahren durfte und von der Gewerbeausstellung mit der goldenen Medaille ausgezeichnet wurde. Ein Ehrenzeichen für den allverehrten großen deutschen Meister und Erfinder, aber auch ein Beweis für das Verständnis und die Weitsicht, die München schon damals zeigte. Dr. Benz, der schon bei seinem Eintreten mit Jubel empfangen wurde, war immer wieder Gegenstand herzlicher Ehrungen; lebhaft wurden auch seine Söhne Eugen und Richard begrüßt. Der Willkomm des Vorsitzenden galt ferner all den vielen hervorragenden Vertretern des Automobilismus, die am Festmahle teilnahmen, so dem Direktor Dr. h. c. Brecht, der im Hause Benz seit 42 Jahren leitend tätig ist, dem Kommerzienrat Dr. h. c. Heinrich Kleyer, dem alten Meisterfahrer und Begründer der Adler-Werke, dem alten Rad- und Automeister Geheimrat Dr. Sachs, Mitgründer der Firma Fichtel & Sachs, dem Begründer der Horch- und Audiwerke und einem der ältesten Autokonstrukteure Direktor Dr. h. c. Aug. Horch, Dr. Edmund Rumpler, der beim Bau der Flugzeuge in Deutschland voranging und auch dem Autobau neue Wege gewiesen hat, Generaldirektor Emil Stoewer, einem der ersten, der sich für die Automobilfabrikation eingesetzt hat, Dr. Alfred Teves, einem Bahnbrecher aus der Jugendzeit des Automobils, Direktor Ludwig Maurer, dem Erbauer des Friktionswagens, den Pionieren des Autohandels Praesent-Hamburg und Schmitz-Köln. Weiter begrüßte Kommerzienrat Baumgärtner Fritz Held-Mannheim, den ältesten deutschen Herrenfahrer, Fahrmeister Artmann und Ingenieur Erle, Obermeister Bender, den Altmeister des Hauses Benz, Meister Pfanz, die einstigen Herrenfahrer und alten Autopioniere Landesbaurat Kienle, Verlagsdirektor Barth, den einstigen Radmeister Josef Goebel und viele andere. Von den Berühmtheiten der neueren Zeit hieß der Redner willkommen die Mercedes-Meister Lautenschlager und Salzer, die Sieger im französischen Großen Preis 1914, Christian Werner, den Sieger der Targa Floria 1924, Karl Joerns, den hervorragenden Opelfahrer, den Monza-Sieger Oberingenieur Riecken und den erfolgreichen Herrenfahrer Hans Czermak. Der Redner erhob sein Glas auf alle diese Pioniere deutscher Tatkraft, deutschen Fortschritts und deutschen Sieges.

Es ist richtig. Mit Huldigungen und Ovationen haben die Münchener nicht gekargt. Und wenn ich nicht schon die Tore des biblischen Alters durchschritten hätte, wäre ich beinahe ein bißchen stolz geworden, als der Präsident der Deutschen Verkehrs-Ausstellung, Herr Staatssekretär v. Frank, in seiner Rede beim Festessen mich als den deutschen Automobilstephenson begrüßte. Gewiß weiß ich es zu schätzen, daß ich zu den wenigen Glücklichen gehöre, die Sieg und Triumph ihres Erfindungsgedankens in diesem kulturumwälzenden Ausmaß erleben durften. Aber trotzalledem muß ich auf die Frage: „Welche Gefühle mochten den alten Dr. Benz ergriffen haben, als er auf seinem einst selbstkonstruierten Gefährt an der Spitze aller fuhr, die in emsigem Wettbewerb in der Verfolgung seiner Gedankengänge seine Nachfolger und Konkurrenten geworden waren?" eine Antwort geben, die nicht ohne Wehmut ist. Glaubt mir: „Erfinden" ist unendlich viel schöner als „Erfunden haben". O! Wie gerne würde ich wieder von vorn anfangen. —

Leider war es mir nicht möglich, allen persönlich zu danken, die mir in München — wo ich vor 37 Jahren schon auf dem neuen Motorwagen umjubelt wurde (vgl. S. 88) — eine Freude machten. Auf alle möchte ich daher mein Dankesschreiben ausdehnen, das ich an den Ehrenvorsitzenden des „Schnauferl-Klubs", Herrn Gustav Braunbeck, Berlin, gerichtet habe. Es lautet:

> Verehrliches Präsidium
> des Schnauferlklubs Berlin.
>
> Sehr geehrte Herren!
>
> Die Freudentage des Jubiläumfestes unseres lieben, frohsinnigen Schnauferlklubs sind vorüber, ich bin heimgekehrt in unser kleines, stilles Ladenburg.
>
> Nun drängt es mich, dem hochgeschätzten Präsidium für alle Liebenswürdigkeiten, Mühen und Aufmerksamkeiten meinen allerherzlichsten Dank zum Ausdruck zu bringen. Wie gerne hätte ich Ihnen, sowie allen lieben Schnauferlbrüdern in einer Rede gedankt und Ihnen das alles gesagt, was in diesen Tagen zitternd durch meine Seele zog. Aber ich war zu tief ergriffen. Ich, der ich jahrzehntelang in vorderster Feuerlinie gegen voreingenommene, veraltete Zeitanschauungen kämpfen mußte und der nur unter Mithilfe begeisterter Pioniere — wie sie

sich vor einem Vierteljahrhundert im Schnauferl= und anderen Klubs zusammenschlossen, der automobilen Idee schließlich zum Durchbruch verhalf, ich hätte an einen solchen Höhepunkt der großen allgemeinen Würdigung unserer Sache nie im Traume gedacht.

Und dann das Wiedersehen der lieben, alten Freunde! Wie sehr hat es mich gefreut, ihnen in meinem Leben noch einmal die Hand drücken zu dürfen.

Nun sind die Tage der Freude und des Jubels verrauscht. Geblieben ist nur die Erinnerung! Aber — und das bitte ich allen Schnauferlbrüdern bekanntzugeben — sie gehört zu den schönsten Erinnerungen meines Lebens!

Mit Schnauferl=Heil!
Ihr
Dr. C. Benz.

Rückblick und Aufblick

Von der Schleife der Urzeit bis hinauf zum motorgetriebenen Fahrzeug ist ein langer Weg.

Es ist der Weg der Kultur durch die Jahrtausende.

Am Anfang dieses Weges steht der vorgeschichtliche Mensch, der Raum und Entfernung nur so weit beherrscht, als zwei Beine ihn tragen und fortschaffen können. An Geschwindigkeit, Ausdauer und Kraft sind ihm die meisten Raubtiergewaltigen seiner Zeit überlegen. Aber was ihm die Natur versagte, das mußte ihm — bis hinauf zum Flügelschlag des Vogels — geben der Geist, der Erfinder- und der Forschergeist. So machte die Not den Urmenschen zum Erfinder.

In dem Streben, sich los und frei zu machen von der erdenschweren Scholle, vom Sklaven des Raums sich emporzuschwingen zum Beherrscher des Raumes, in diesem Streben lösen ganze Erfindergenerationen in jahrtausendlangem Kulturaufstieg einander ab.

Es kamen die Schleifen und Walzen, es kamen die Walzkarren, die Zweiräder- und Vierräderwagen. Aber Jahrtausende hindurch seufzte der Mensch oder keuchte das Tier vor diesen Fahrzeugen, so sehr auch die besten Erfinderköpfe aller Völker und Zeiten sich abmühten, den tierischen Zug durch den mechanischen zu ersetzen.

Erst nach der Erfindung der Dampfmaschine ändert sich das Bild. Da beginnt eine neue Ära, die Ära des Dampfes. Dampfwagen fahren. Sie sind nicht lebensfähig. Lebensfähig und kulturumwälzend aber ist ihr Kind, die Lokomotive, von Trevethik und Stephenson auf die Schienen gestellt. So Gewaltiges und Epochemachendes damit auch im Massentransport und im Fernverkehr erreicht war, der eiserne Verkehrstitane konnte seine alles überragende Kraft nur entfalten in sklavischer Abhängigkeit von der teuren Schienenstraße. Gebunden an die festgelegte Richtung der eisernen Spur, war ihm an Freizügigkeit jedes Pferdefuhrwerk überlegen.

Mit dem Benzinautomobil beginnt in der Geschichte des Kraftwagens eine andere Ära, die Ära des Motors. Deutschen Technikern ist es geglückt, den „Kraftwagen" — im weitesten Sinne des Wortes — aus seiner eindimensionalen Zwangsläufigkeit zu befreien und von der starren Eisenschiene loszulösen. Nicht nur die Linie, die Fläche nach allen Seiten und Richtungen wird jetzt dem Motorwagen untertan. Darin liegt der große Kulturfortschritt ihrer Erfindeng, daß die motorgetriebenen Fahrzeuge mit ihrem freien, richtungbestimmenden Können eine höhere Entwicklungsstufe darstellen auf dem Wege hinauf zur souveränen Beherrschung des Menschen von Raum und Zeit.

Doch damit ist die kulturelle Bedeutung des Kraftwagens und seines Motors nicht erschöpft. Von seiner Geburtsstunde an herrschte im Kraftwagenbau die Tendenz, den Motor immer leichter und schneller laufend zu machen. Schließlich war auf diese Weise ein Motor herangezüchtet, so leicht, daß der Mensch mit ihm auf eine noch höhere Entwicklungsstufe freier Beweglichkeit steigen konnte.

Horcht über euch! Hört ihr den starken Sang des leichten Motors, der in den Lüften hoch über eurem Scheitel kreist? Das ist der rauschende Flügelschlag der neuesten Zeit, jener Kulturepoche des Motors, wo der Mensch die Herrschaft antritt über den Raum auf und über der Erde. Tief unten läßt er triumphierend alles Erdenschwere. Abgestreift sind die angeborenen Fesseln des Raumes. Ein uralter Lebenstraum:

„Ach, zu des Geistes Flügeln wird so bald
Kein körperlicher Flügel sich gesellen" (Faust)

ist Tat geworden und Erfüllung.

Der Mensch fliegt ...

Daß ich die Erfüllung dieses uralten Menschheitstraumes noch habe erleben und schauen dürfen, ist für mich, den Achtzigjährigen, ein verglühendes Abendleuchten an meinem Lebenshimmel mit der aufgehenden Morgensonne. —